Arthur Young

Die französische Revolution

ein warnendes Beispiel für andere Reiche

Arthur Young

Die französische Revolution
ein warnendes Beispiel für andere Reiche

ISBN/EAN: 9783743406827

Hergestellt in Europa, USA, Kanada, Australien, Japan

Cover: Foto ©ninafisch / pixelio.de

Weitere Bücher finden Sie auf **www.hansebooks.com**

Die

französische Revolution,

ein

warnendes Beyspiel für andre

Reiche.

Von

Arthur Young,

dem Verfasser der Annalen des Ackerbaues und
verschiedner Reisebeschreibungen.

Nach der zweyten Ausgabe aus dem Englischen
übersetzt, und mit erläuternden Anmerkungen begleitet.

Hannover,
bey Christian Ritscher.
1793.

Vorrede.

Die Schrift, welche hier in Uebersetzung vorgelegt wird, ist aus mehreren Ursachen einer vorzüglichen Aufmerksamkeit werth, und verdient vor allen andern über denselben Gegenstand, verbreitet zu werden.

Der Verfasser ist durch verschiedne ökonomische Reisebeschreibungen, und durch Annalen des Ackerbaues sehr bekannt. Er hat mehrere Reisen nach

Frankreich unternommen, um den Zustand dieses Reichs in Absicht auf den Landbau die Finanzen und Staatsökonomie überhaupt, genauer kennen zu lernen. Die erste dieser Reisen ward vor dem Anfange der Revolution vollbracht; die lezctere während derselben. Der Zustand des Landmanns und die Veränderungen welche darin vorgegangen sind, machten einen der Hauptgegenstände aus, welchen menschenfreundliche Urheber und Beförderer der im Jahre 1788. intendirten Reform vor Augen hatten. Young, selbst Landwirth, interessirte sich für diesen Zweck vorzüglich, und ward durch die Absicht hingerissen, den Bemühungen jener Männer großen Beifall zu geben. Seine Reisebeschreibung durch Frankreich, welche einen Quartband ausmacht *), enthält eine große Menge lehrreicher Bemerkungen über den Zustand des Landes, über die Pläne der Reformatoren, und über die theoretischen Grundsätze welche denselben zum Grunde liegen. Dieses Werk verdient um soviel mehr Aufmerksamkeit, da der lebhafte Beifall, welcher in demselben der Revolution im Ganzen ertheilt wird, dennoch nicht uneingeschränkt ist, und der Verfasser genau angiebt, was er billige und was er noch abgeändert wünsche. Ein solcher, wie es scheint, auf Prüfung Nachdenken und Beob-

---

*) Travels during the Years 1787, 1788. and 1789. undertaken more particularly with a View of ascertaining the Cultivation, Wealth, Resources, and National Prosperity of the Kingdom of France, by Arthur Young Esq. F. R. S. 4to, London bey Richardson.

achtung gegründeter Beifall, gewinnt überlegende Leser, welche durch die gewöhnlichen eitlen und hochtönenden Lobpreisungen vielmehr mistrauisch werden. Es hat daher ein eignes Interesse, zu sehen, wie eben dieser Mann nunmehr, da der Fortgang der Begebenheiten eine Uebersicht des Ganzen und Vergleichung der Grundsätze mit ihrer Anwendung erleichtert, darüber denkt.

Das Werk selbst zeichnet sich dadurch aus, daß in keinem andern diese Anwendung oder Nichtanwendung in ihrem Kontraste, mit den Grundsätzen, in eine so gedrängte Darstellung zusammengefaßt zu finden sind. Daneben zeigt der Verfasser die Quelle dieser Disharmonie, und geht beständig auf die wahre Ursache alles Uebels zurück, welche so viele wohlmeinende Männer nicht entdecken können, oder nicht sehen mögen, indem sie doch die einzelnen Folgen beklagen oder verdammen.

Die nächste Veranlassung zu Youngs Werke liegt zwar in den Bemühungen der Franzosen und einer Parthei mit ihnen gleichgesinnter Engländer, die brittische Verfassung umzuwerfen. Hierauf beziehen sich daher auch viele Stellen in der Schrift selbst, und der Anhang, welcher allein einer Erörterung der alten Geschichte des englischen Parlaments gewidmet ist. Allein alles dieses scheint auch deutschen Lesern, gegenwärtig, da Bekanntschaft mit der englischen Verfassung und Begierde nach näherer Kenntniß derselben so allgemein wird, zu interessant, als daß man sich es hätte erlauben dürfen, etwas davon auszulassen.

Die Gründe, welche Young den englischen politischen Reformations: freunden entgegensetzt, beziehen sich zwar zunächst auf diese eigenthümliche Verfassung: allein sie passen doch im Allgemeinen auch auf jedes andre Land. Denn allenthalben, in Deutschland so wie in England, werden von den Vertheidigern der französischen Revolution die nemlichen Gedanken und Grundsätze aufgestellt. Die allgemeine bürgerliche Gleichheit aller Menschen, liegt der Theorie des Staatsrechts zum Grunde, von welcher sie ausgehen: und Zerstörung aller bürgerlichen Verhältnisse macht daher den ersten Schritt aus, mit dem sie alle, ihre Plane und die Aus=

führung ihrer Wünsche beginnen müssen: es sey, daß sie dieselben bloß als Beschäftigung der müssigen Einbildungskraft ansehen, oder wirklich darnach streben, sie in Ausübung zu bringen. Auf alle Länder, wo nur einiger Unterschied der Stände existirt, sind die Klagen anwendbar, welche die französischen Reformatoren und die es mit ihnen halten, über die angeblichen Fehler der bürgerlichen Verfassung führen. In allen denjenigen Ländern, welche Stände haben, und in denen es Personen giebt, welche vermöge ihrer Lage und Verhältnisse einen Antheil an der Staatsverwaltung nehmen; ein Recht haben, dazu mitzuwürken, oder sich darüber öffentlich vernehmen zu lassen: in allen diesen Ländern sind die Fragen über die Rechtmäßigkeit dieser Verfas-

sungen, über die Gründe und über den
Werth des Ideals, welches die Freunde
der Revolution aufstellen, gleich wich=
tig. Jedes Land, in welchem eine bür=
gerliche Ordnung vorhanden ist, von
welcher Art sie auch sey, hat aber auch
etwas zu verlieren, und die Vernich=
tung dieses größern oder geringern Gu=
tes ist der erste Schritt einer nach phi=
losophischen Grundsätzen angelegten und
auf Realisirung eines theoretischen Sy=
stems abzielenden Reform. In jedem
Lande ist daher auch die Frage gleich
wichtig, ob eine so angelegte Revolution
zum Zwecke führen könne?

Wenn man mit Young über diese
Gegenstände gleich denkt, oder von sei=
nem auf erwiesene Thatsachen gebaue=
tem Raisonnement überzeugt worden,

so wird auch der Theil seiner Schrift, in welchem er sich mit den Mitteln beschäftigt, wie einer gefährlichen Verbreitung zerstörender Gesinnungen und Grundsätze entgegen zu arbeiten sey, ein großes Interesse erhalten. Die Anwendung desselben auf andre Länder ist indessen ungleich größern Schwierigkeiten unterworfen und dürfte weit mehr Vorsicht erfordern, als der erste Theil. Es ist dabei, so wie in allen praktischen Ideen, genaue Rücksicht auf die verschiedne Verfassung und Denkungsart der Völker zu nehmen, auf welche gewürkt werden soll. Young bringt auf zwei Maaßregeln, als auf die kräftigsten Mittel, einer besorglichen Revolution in England entgegen zu arbeiten.

Das erste ist die Einrichtung einer Landmiliz, die aus lauter angesessenen Eigenthümern bestände. Die englische Landmiliz scheint vielleicht nur einiger wenigen neuen Regulationen zu bedürfen, um den Endzweck ganz zu erfüllen, welcher der Idee des Verfassers unterliegt. Die angesehensten großen Eigenthümer der Grafschaft, pflegen die Oberofficier=Stellen in dem Regimente derselben zu bekleiden, und durch die Art von Clientel, welche in England sehr ausgebreitet und sehr würksam ist, ein solches Ansehn und Einfluß über die Gemeinen zu haben, daß es nicht schwer seyn dürfte, dieses Korps zum Schutze der bestehenden Verfassung zu gebrauchen. In Deutschland ist nach allem Anscheine von dem bestehenden Militair, vorzüglich in denen Provin=

zen, in welchen es keine oder wenige Ausländer hat, sondern größtentheils aus Bauernsöhnen besteht, zu erwarten, daß es vermöge der altdeutschen Anhänglichkeit an väterliche Sitte und Verfassung, den verführerischen schmeichelnden verrätherischen Reformatoren unzugänglich seyn werde.

Das zweite Mittel, auf welches Young großen Werth setzt, ist die Errichtung von Privatgesellschaften zur Aufrechthaltung der Verfassung. Solche Associationen haben in England großen Fortgang gehabt. Es versammelt sich zu London unter dem Vorsitze eines Herrn Reeves, in einem Hause, welches Krone und Anker im Schilde führt, eine Gesellschaft, welche folgende Zwecke öffentlich bekannt gemacht hat.

1) Aufrührerische Schriften zu unterdrücken, und die Ausübung der Gesetze zu unterstützen.

2) Jede Gelegenheit zu nutzen, die Gegenstände öffentlicher Deliberationen, welche zu Verwirrung und Unruhen Anlaß geben können, aufzuklären, und einleuchtend zu machen, daß sie auf England nicht anwendbar sind.

3) Alle Eröffnungen, welche ihr in dieser Hinsicht gemacht werden, dankbarlich anzunehmen.

4) Die Bildung ähnlicher Gesellschaften zu befördern.

Diese Gesellschaft hat verschiedne kleine Aufsätze aller Art, ernsthafte und scherzhafte, tiefe Untersuchungen und populaire Ausführungen, bekannt gemacht, unter denen sich sehr viel Gutes findet. *).

Aus den vorgesetzten Verhandlungen sieht man, daß die Sache nach einem sehr ausgebreiteten Plane angelegt worden, daß es auf eine große Zahl von Gesellschaften abgesehen ist,

*) Ihre Verhandlungen und diese Schriften sind gedruckt unter dem Titel:
Liberty and Property preserved against Republicans and Levellers, a Collection of Tracts recommended to perusal at the present crisis; to which are prefixed the proceedings of the Society for preserving liberty and property against Republicans and Levellers, at the Crown and Anchor, in the Strand. London 1793. Part the first.
Publications printed by order of the Society for preserving liberty and property against Republicans and Levellers, at the Crown and Anchor in the Strand. to which are prefixed the proceedings of the Society. London 1793. Part. 1. and 2d.

die das ganze Reich umfaſſen und mit der Geſellſchaft in London, als dem Mittelpunkte, korreſpondiren, und Geſetze und geſetzmäßiges Anſehn auf eben die Art aufrecht erhalten ſollen, wie die berüchtigten Jakobinergeſellſchaften in Frankreich, durch das Band gemeinſchaftlicher Bemühungen, ihr ganzes Land in unheilbare Verwirrung geſtürzt haben. Es iſt ein ſehr natürlicher Gedanke, Veranſtaltungen, welche ſich zu leztgedachtem Zwecke ſo wirkſam bewieſen haben, zu einem gerade entgegengeſetzten zu gebrauchen, und dem Feinde der bürgerlichen Ordnung das Kunſtſtück abzulernen, ſie aufrecht zu erhalten. Hier iſt aber die größte Vorſicht nothwendig. Die ganze engliſche Nation iſt ſo ſehr an Aſſociationen, an freiwillige Thätigkeit zu öffentlichen Zwekken, an öffentliche Theilnehmung der Angelegenheiten des Landes gewöhnt, daß solche Maaßregeln an sich selbst kein Aufsehen erregen, und dadurch allein keine schädliche Gährung hervorbringen können. Die Aufmerksamkeit des Parlaments auf alles was im Lande vorgeht, die allgemeine Achtung und Unterwürfigkeit der Nation gegen dieses große Korps, welches einen so ansehnlichen Theil der gesetzgebenden Gewalt besitzt, alles dieses hält jene Privatbemühungen in den gehörigen Schranken. In andern Ländern wo es keine Versammmlung gibt, die ein eben so großes öffentliches Gewicht hat und dadurch alles im Gleichgewichte des Gehorsams unter Gesetzen und eingeführter Ordnung erhält, und wo die Nation nicht an diese Art von Wirksamkeit gewöhnt ist, dürfte es gefährlich seyn, ähnliche Bemühungen zu beför, dern oder nur zu erlauben. Durch die lange Gewohnheit ist ein tiefes Gefühl der Schranken, in welcher sich alle Privatbemühung halten muß, in England allgemein geworden. In andern Ländern würde der emporstrebende Geist neuer Thätigkeit für öffentliche Angelegenheiten und allgemeines Beste, leicht in eine übermüthige Begierde nach freier Einwirkung ausarten, und die Gränzen des Lobenswerthen und Erlaubten würden zu leicht verkannt werden, als das man es wagen dürfte, Veranstaltungen und Verbindungen zu befördern, die nicht unter unmittelbarer Aufsicht des Regenten und seiner Diener stehen. Wir haben in Deutschland an dem Illuminatenorden ein sehr hellglänzendes Beispiel davon gehabt, was aus den Bemühungen, schädlichen Absichten durch die gleichen Mittel ungesetzmäßiger Verbindung entgegenzuwirken, entspringt.

Es ist wohl zu fürchten, daß diese Behauptung vielen, und auch solchen sehr mißfallen werde, die aus wahrem Gefühl der Würde der menschlichen Natur und Eifer für ihre Veredlung, unsren Staaten eine größere Theilnahme des Volks an seinen Angelegenheiten, und ein Ausgebreiteteres Gefühl, daß die öffentlichen Angelegenheiten seine Angelegenheiten sind, wünschen. Unstreitig besteht der höchste Zweck aller bürgerlichen Verfassung und Staatsverwaltung in dieser Veredlung des menschlichen Geschlechts; in einer Kultur des freien Geistes. Aber die Maaßregeln welche dahin unmittelbar und ganz nahe abzuzwecken scheinen, sind mehrentheils nicht allein gefährlich, sondern sie haben sehr oft solche nothwendige Folgen, die von dem vorgesetzten Zwecke ganz abführen. Wenn man von Menschen, welches Standes, welcher Kenntnisse, Beschäftigungen, Sitten, es auch sey, mehr verlangt, oder ihnen ein mehreres zu thun aufträgt, als wozu die Fähigkeit in allen jenen Verhältnissen gegründet ist, so verfehlt man nicht allein die gewünschte Erhöhung ihrer Freiheit, ihrer Wirksamkeit, ihrer Sittlichkeit, sondern man stürzt sie ohnfehlbar durch das verrätherische Geschenk, weit tiefer herab, als sie vorhin standen.

So schätzbar und empfehlenswerth alle einzelnen Bemühungen sind, wo durch Einsichten und gute Gesinnungen befördert und verbreitet werden, so ist es unter uns aus diesen Ursachen rathsam, sich gegenwärtig auf diese zu beschränken, und es der gesetzmäßigen Autorität im Staate allein zu überlassen, kräftige Veranstaltungen gegen die sträflichen Bemühungen zu treffen, wodurch hin und wieder versucht wird, allgemeines Mißvergnügen und öffentliche Unordnungen zu erregen: sie aber auch darin so zu unterstützen, wie es guten Bürgern ansteht.

Die Pflicht eines solchen erfordert allerdings mehr, als sich der Theilnahme an Vergehungen zu enthalten. In Ansehung andrer Verbrechen, die gegen Privatpersonen begangen werden, mag die Entschuldigung, daß man nicht zu der Rolle des Fiscals verpflichtet sey, oft hinreichen. Dieses kann nicht auf Angriffe gegen die bürgerliche Ordnung selbst, angewandt werden. Unter dem Schutze der bürgerlichen Ordnung kann allein menschliche Glückseligkeit und Sittlichkeit gedeihen. Jeder, der auf Theilnahme an diesem Seegen Anspruch macht, ist daher verpflichtet, nach seinen Kräften mitzuwirken, die Quelle desselben zu erhalten: und jeder im Staate leidet in der That so unmittelbar durch die Bemühungen, den Grund, auf welchem er beruhet, umzustürzen, daß es nur als eine nothwendige Selbstvertheidigung angesehen werden kann, wenn die Versuche, die bürgerliche Ordnung umzuwerfen, den rechtmäßigen Obern zu gesetzmäßiger Ahndung angezeigt werden.

Wenn aber die Bemühungen der Revolutionsfreunde, eine Gährung unter dem Volke hervorzubringen, in Deutschland eben solchen Erfolg haben sollten, als sie zu Ende des Jahrs 1792. in England gehabt, wo ihre Wirkung nur durch die entscheidendsten Maaßregeln der Regierung, und durch die bewundrungswürdige Zustimmung so vieler Männer, welche bis dahin nicht mit ihr einverstanden waren, gehemmt worden: wenn alsdenn die Kraft der gesetzmäßigen Autoritäten zu schwach gefunden werden sollte, sich selbst und die wohlgesinnten Bürger zu schützen: so mag unter Umständen, die es zur Nothwendigkeit machen, etwas Neues zu beginnen, das Beispiel derjenigen Engländer zum Vorbilde dienen, die sich einer wohlthätigen Verfassung dadurch würbig bewiesen, daß sie sich in den Schranken einer selbstbeherrschenden Mäßigung erhielten, und nicht durch den Schimmer eines vorgespiegelten, zu hoffenden größern Gutes verleiten liessen, das gegenwärtige mit pflichtvergeßnem Leichtsinn zu verspielen.

Hannover, den 1sten Junius 1793.

Die Schriftsteller, welche seit der Revolution ihre Meinungen über die Begebenheiten in Frankreich, öffentlich bekannt machten, sind so verschwenderisch mit Gründen, so von Theorien überströmend gewesen, als ob sie das Vertrauen auf den Beifall ihrer Leser nicht sowohl in die Stärke der Thatsachen, als vielmehr in den Scharfsinn bei der Aufstellung sonderbarer Hirngespinste gesetzt hätten. Auf einer Seite hörten wir unbedingte Lobsprüche der gallischen Freiheit, voll schwärmerischer Aufrufe: auf eben dem Wege nach eben der Glückseligkeit zu ringen; während auf der andern jeder Umstand der Revolution, von dem ersten Wunsche nach

Freyheit an, mit mehrerem Witze als Wahrheitssinne, verurtheilt und bespöttelt wurde.

Lesern von schlichtem Verstande, scheinen diese Schriftsteller von beyden Partheyen, gleichweit entfernt von der Untersuchung, welche allein von Thatsachen und deren nächsten, oder entferntern Folgen ausgeht, und sich nicht auf hochgestelzte Argumente einlassen kann, sondern lediglich und überall auf die festern Stützen der Erfahrung sehen muß.

Ich glaube fast, daß der menschliche Geist nie mehr in seiner Schwäche erscheint, als bei der Anwendung der Theorien von Staatsverfassungen. Das Urtheil mancher Männer von Gewicht hat es in andern Wissenschaften für die größte Thorheit erklärt, wenn man sich auf Vernunftgründe in Untersuchungen beruft, wo die Erfahrung eben so nahe zur Hand ist, und uns leiten kann. Warum sollte dieses Urtheil nicht eben sowohl auf die Wissenschaft der Gesetzgebung anwendbar seyn?

Eigne jahrelange Bemühungen haben mich in dieser Gewohnheit, Untersuchungen auf Erfahrung zu gründen, bestätigt: ich habe bei so manchen Gelegenheiten die Unzuverläßigkeit menschlichen Nachdenkens beobachtet; selbst dann, wenn es mit großen Geistesfähigkeiten begründet war, beobachtet, daß ich immer geneigter bin, da, wo Thatsachen noch nicht recht evident sind, eher Fragen aufzuwerfen, als zu entscheiden; daß ich fertiger im Zweifeln, als im Entschließen; und geneigt bin, das Hinweisen auf Einen neuen Erfahrungsfall für wichtiger zu halten, als hundert glänzende Deklamationen. Da ich mich ziemlich lange, während dem Fortgange der Revolution, deren warmer Freund ich eine Zeitlang war, in Frankreich aufgehalten habe, alle Provinzen dieses Reichs durchreiste, ihre vornehmsten Manufakturen untersuchte und mir viele Kenntniß über den Zustand ihres Handels erwarb, zugleich aber auch die Lage, worin sich ihre Einwohner befinden, genau beobachtete: so war es für mich bei meiner Rückkehr nach England, natürlich, die Gesetzgebung der neuen Regierung mit Aufmerksamkeit zu überdenken und mir durch Briefwechsel und mündliche Unterhaltungen mit Personen, auf die ich bauen konnte, so viel Kenntniß zu verschaffen, als nothwendig war, um im Stande zu seyn, meine Neugierde über das Resultat der sonderbarsten Revolution, deren die Jahrbücher der Menschheit gedenken, zu befriedigen. Ich würde mich selbst als einen unwürdigen brittischen Unterthan ansehen, wenn ich nicht allen Eifer anwendete, die Kenntnisse die ich mir auf dem Wege erwarb, meinen Landsleuten mitzutheilen; und dies ist der einzige Zweck, weswegen ich hier einige kurze Versuche zusammenstelle, die ich zuerst in meine Annalen der Landwirthschaft eingerückt, der Form nach jetzt etwas verbessert und mit Zusätzen bereichert habe, so wie es die Begebenheiten dieser Zeit nöthig machten. Ich sehe voraus, indem ich hier eine Schilderung wage, die noch immer hinter dem Unwillen zurückbleiben muß, womit jedes gefühlvolle Herz die gegenwärtigen schrecklichen Auftritte in Frankreich ansieht, daß man mir Schuld geben wird, ich hätte meine Politik, meine Grundsätze, geändert. Meine Grundsätze sind gewiß noch dieselben: denn wenn irgend ein Grundsatz in meiner

Politik herrschend ist, so ist es dieser, hier keinen bestimmten Grundsatz zu haben. Ich bin zu lange Landwirth gewesen, um mich durch irgend etwas anders, als durch Umstände, bestimmen zu lassen; ich habe einen natürlichen Widerwillen gegen Theorien, gegen allen Glauben an tiefe Vernünfteleyen; aber auf **Erfahrung** bau ich desto zuversichtlicher, oder mit andern Worten, auf Begebenheiten, den einzigen Grund, der würdig ist, daß Beobachtet auf ihn bauen. Von diesem sichern Standpunkte aus, werde ich es mir angelegen seyn lassen, in folgenden Blättern meine Leser auf Thatsachen aufmerksam zu machen, die einiges Licht verbreiten können.

Erstlich über den wahren Zustand von Frankreich, und zweitens über die Quellen seiner Uebel. — Ich werde sodann von dem Beyspiele desselben eine Anwendung auf die Land- Geld- Handels- und Erwerbs-Vortheile meines Vaterlandes hernehmen.

Gegenwärtiger Zustand von Frankreich.

Die Gegenstände, welche diesen Zustand am besten darstellen, umfassen 1) **Regierung.** 2) **Persönliche Freiheit.** 3) **Sicherheit des Eigenthums.**

Regierung.

In allen Untersuchungen über das neue System der Konstitution oder Regierungsverfassung in Frankreich, muß man nothwendig erst fragen: ob da wohl eine andere existire, als **allgemeine Gesetzlosigkeit?**

Die Umstände, worauf ich mich beziehe, ergeben es augenscheinlich, daß die Jakobinerklubs, die Generalkonseils der Gemeinen und der sogenannte gesetzgebende Konvent, die Oberherrschaft unter sich theilen, während der Volkshefen, oder die **Nation**, wie man es zu nennen belieben mag, so unabhängig von allen dreien handeln, daß es in der That lächerlich seyn würde, das Ganze mit dem Namen **Regierung** zu beehren. Von den Rechten des Menschen zu schwatzen, oder von aus dern Deklarationen und Dekreten der konstituirenden Versammlung, ist nicht mehr die Rede. Sie sind längst vergessen, und eben so veraltet, als nur immer die alte sächsische Heptarchie in England, die vor vielen Jahrhunderten einmal existirt hat. Aber laßt uns zur Thatsache übergehen, die ich mit dem eignen Zeugnisse der Jakobiner belegen werde.

Die Freiheit der Wahlen wird in der That sehr heilig gehalten.

Am 13ten September 1792. ward eine Resolution des Jacobinerklubs allen andern Klubs des Königreichs zugesandt, welche lautet, wie folgt:

„Laßt uns keinen Augenblick verlieren,
„um durch feste Maaßregeln der Gefahr zu
„begegnen, daß wir zusehen müssen, wie
„unsre neuen Gesetzgeber sich ungestraft, gegen
„den unumschränkten Willen der Nation
„setzen. Uns soll der Muth des wählenden
„Korps von Paris beseelen, welches ausdrück=
„lich dekretirte: daß eine Untersuchung über
„den Nationalkonvent angestellt werden soll,
„um diejenigen verdächtigen Mitglieder zu
„verjagen, die bei ihrer Ernennung dem

„Scharfblicke der Primärversammlungen etwa „entgangen seyn mögten."

Welch eine herrliche Lehre für diejenigen, die über unsere englische Volksvertretung Klagen führen, und ihre Verbesserung wünschen!

Hier haben die Republikaner das Muster einer vortreflichen Verbesserung. Ein größres Beispiel der entschiedensten Verwirrung hat die Welt wohl niemals gesehen.

Dies ist wahrlich ein Codex der Anarchie *). Daß Mitglieder, die zum Konvent unter der Leitung der Gemeinen von Paris gewählt werden, dennoch nicht wissen, ob sie da Sitz erhalten werden, oder nicht, das ist seltsam, und könnte uns vollkommen davon überzeugen, daß die Jakobiner eben keinen Herzog von Braunschweig nöthig hatten, um die Pariser Greuel zu bestrafen. Niemand kann solche Schöpfer des Volkselendes, solche Stifter des Nationalverderbens aufstellen, als das Volk selbst ist, durch dessen Bemühungen ein sonderbar ingeniöses System entspringt, in welchem Gesetze Verwirrung und Rechts-

*) Ein Ausdruck von Burke.

sprüche Blutvergießen erzeugen. Es leidet gar keinen Zweifel, daß das Volk selbst sein eigner Gesetzgeber seyn will. Dem Konvent will es keine andere Macht einräumen, als Vorschläge an das souveraine Volk zu thun, welches sich sodann durch die Stimmen der Klubs vernehmen lassen will, ob es sie annimmt oder verwirft.

Man erräth leicht, was für einen Gehorsam ein so gewähltes gesetzgebendes Korps erwarten darf. Der Konvent dekretirte, alle Wahlen sollen vermittelst des Ballotirens geschehen; Paris aber setzte sich ganz offenbar dagegen. Von 25 Sektionen, sagte Barbaroux am 30sten October, welche über die Wahl eines Maire Bericht abgestattet haben, verletzten achtzehn dies Gesetz. Die Sektion des Pantheon that sogar den Vorschlag, ihren Präsidenten bewaffnet zu begleiten, wenn er vor die Schranken gerufen würde.

Am 5ten October redete eine Deputation von der Stadt folgendermaaßen vor eben diesen Schranken, indem sie auf die schleunige Verurtheilung des Königs drang: „Die Män„ner des 10ten Augusts werden niemals zuge

„ben, daß diejenigen, welche fie mit ihrem
„Zutrauen bekleidet haben, nur einen Augen-
„blick die Oberherrschaft des Volks verhöhnen.
„Muth ist die Tugend eines freien Volks und
„wir werden nimmer von dem Grundsatze ab-
„gehen, daß man zwar den Gesetzen gehorchen
„müsse, daß es aber eben sowohl recht
„sey, den Despoten zu widerstehen, unter
„welcher Maske sie sich auch verhüllen mögen.
„Wir halten dafür, daß es uns vortheilhaft
„sey, unsre Wahlen mit lauter Stimme aus-
„zurufen.“

Der Minister des Innern sah sich genö-
thigt an eben dem Tage folgendes an den Konvent zu schreiben: „Wendet doch alles an, um
die Forderungen und Ansuchungen geltend und
würksam zu machen, welche ich täglich im
Namen des Gesetzes an die Gemeine von
Paris thue.“ Der Minister berief sich im
Namen des Konvents auf das Gesetz, fand
aber die Gemeine von Paris mächtiger, als
Beide.

„Ich habe,“ erzählte **Cambon**, am
25sten September, „gesehen, wie diese Ge-

„meinen die Nationalgebäude aller besten Sa-
„chen beraubten, ohne daß irgend ein Regi-
„ster oder Protokoll darüber aufgenommen
„worden wäre, und ungeachtet wir dekretirten,
„daß diese Sachen zum Nationalschatze gezo-
„gen werden sollen, so blieb dies Dekret doch
„ohne Würkung."

„Das Generalkonseil der Gemeine von
„Paris," sagte Barrere, am 10ten Nov.
„hat auf alle mögliche Art gesucht, die Volks-
„repräsentation zu vernichten. Das gesetzge-
„bende Korps behauptete: der Keim zu neuen
„Revolutionen müsse vertilgt werden, aber
„Tages darauf sah es sich gezwungen, sein
„Dekret zu widerrufen. Es erklärte auch,
„daß die Thore von Paris, geöffnet werden
„sollten, damit Jedermann ungehindert das
„Innere des Reichs durchreisen könnte; aber
„das Generalkonseil befahl, sie zu schließen.
„Die Legislatur dekretirte, daß keine Pässe
„mehr nöthig seyn sollten. Das Generalkon-
„seil befahl geradezu, es sollte sogar niemand
„ohne Paß einmal spatzieren gehen." *)

*) Moniteur vom 28sten October.

Daß die Municipalitäten im Zustande der völligsten Anarchie sind, erhellet deutlich daraus, daß verschiedne Korps sich die nämliche Gewalt anmaßen. Während daß die Municipalität von Paris vom Konvent eine Geldsumme forderte, verlangte die eigentlich sogenannte Gemeine (la Commune proprement dite) oder sechs und neunzig Geschäftsträger der Sektionen eine andere, und bewog dadurch Kersaint zu folgender Klage: „In „welch eine Gesetzlosigkeit ist unsre „Verfassung herabgestürzt! Darf die „Stadt Paris sich wohl durch zwey ver„schiedene Korps repräsentiren lassen?"

„Das Gesetz verbietet es." *)

„Sonderbar! eine rechtmäßige Ver„sammlung von Kirchspiel-Vorstehern, „wird in der Kirche gehalten, und eine „andre kömmt in einem Weinhause „zusammen, nennt sich die eigentliche „wahre Kirchspielversammlung, stellt „sich jener entgegen, und da die eine „den öffentlichen Raub gekostet hat, so

*) Moniteur vom 28sten October.

„geht die andre auch darauf aus." Das sind die Korps, die unter den Namen der Konfiskation, der Administration, und der Versteigerung, über die Besitzungen und des Eigenthums der Emigrirten herfallen.

Die Worthalter der Sektionen von Paris erscheinen vor den Schranken des Konvents und bedrohen ihn mit den Worten: „Es ist hohe Zeit, — der Sturm steigt schon auf!" Die Vernichtung der Staatsverfassung, welche auf die Rechte des Menschen gegründet war und welche, statt Friede und Ruhe zu erzeugen, nur Stürme, die beständigen Früchte solcher Revolutionen, erregte; das Blut, welches so häufig für die öffentliche Ruhe vergossen wurde, vermogte so wenig die ausgebrochene Wuth zu stillen, daß der Minister **Roland** in seinem Briefe an die Gemeine sagte: „Ich höre von „nichts, als Verschwörungen, Mordplanen „und Metzeleien. Die Bösewichter predigten „gestern in demselben Augenblicke Plünderun- „gen und Mord an verschiedenen Orten in „Paris" *); — und auf den Befehl des

*) Moniteur, vom 1ſten und 3ten Nov.

Konvents, ihm von dem Zustande in Paris zu berichten, drückte er sich so aus: „Eine Ad„ministration ohne Kraft, despotische Gemei„nen, ein betrogenes Volk ist Paris." Aber, so betrogen und unwissend das Volk auch war, so trauete es sich doch Einsichten genug zu, die sogenannte Legislatur zu belehren. Marat mit seinem Komplotte predigte täglich, daß das Kopfabhacken eine würdige Volksbeschäftigung wäre; er denuncirte so viele Glieder des Konvents in dem Jakobinerklub, und es ward im Konvente zur Frage gemacht, ob nicht eine Wache aus den drey und achtzig Departements zusammengezogen werden müsse, um sich zu sichern. Hierüber äußerten sich die Worthalter der 48 Sektionen von Paris auf folgende Art (Oct. 19.): „Stellvertreter des Souve„rains, Ihr seht vor euch die Abgeordneten „der Sektionen, sie kommen um Euch ewige „Wahrheiten zu lehren, nicht Worte, sondern „Thatsachen! Es ist im Werke, euch Tyrannen „gleich zu machen, euch mit einer beständigen „Wache zu umgeben. Die Sektionen von „Paris haben die Grundsätze erwogen, auf „denen die Souverainität des Volks beruhet,

„und erklären euch, daß dieser Plan gehäſſig
„und gefährlich iſt. Dieſen Plan wollen wir
„geradezu angreifen. Welch eine Verwegen-
„heit, es nur zu vermuthen, daß das Volk
„ein ſolches Dekret billigen wird! Wie! man
„ſchlägt euch verfaſſungsmäßige Dekrete vor,
„ehe noch eine Verfaſſung (Konſtitution) da
„iſt? Wartet, bis ein Geſetz da iſt, und das
„Volk dies Geſetz ſanktioniret hat. Paris
„ſchuf die Revolution, Paris gab dem ganzen
„Reiche die Freiheit; Paris weiß ſie zu be-
„haupten." *)

Hier erklärt Paris dem Konvente mit
ausdrücklichen Worten, daß ſein Dekret bis
zur Sanktion des Volks nur unnützes Papier
iſt. Das folgt aus den Grundſätzen der
Stellvertretung; kaum iſt eine ſolche Verſammlung gewählt, und das Volk hat kaum
ſolche Stellvertreter, als es, von ſeiner Gewalt berauſcht, ſeine Deputirten für Spreu,
ihre Dekrete für nichtig erklärte, bis es ſie
ſelbſt beſtätigt haben wird. Welch eine Lehre
für die Freunde der Staatsreformen! — „In

*) Moniteur vom 21ſten und 30ſten Oct.

„allen öffentlichen Plätzen" erzählt Lou=
vet *) „in den Thuillerien, in dem Palais
„der Revolution und allenthalben hört man
„immer gegen den Nationalkonvent Empörung
„predigen." „Es ist hohe Zeit für uns,"
sagt Cambon, „daß wir einsehn, der Kon=
„vent sey durchaus verachtet." **)

„Die Anarchie ist aufs Höchste gestiegen;"
sagte Barrere: und Barbaroux ***), „die
„Anarchie herrscht rings um uns her, und
„wir haben nichts gethan um sie zu unter=
„drücken. Diejenigen, welche das Volk zum
„Morde reitzen, triumphiren jetzt; Anarchie
„ist die Quelle aller unsrer Uebel." So
redet der **Präsident des Konvents** zu
den Abgeordneten des Departements der
Indre und Loire. ****)

Die Abgeordneten des Departements
Indre und Loire sagen vor den Schranken
des Konvents: „Eure ärgerlichen Debatten

---

*) Moniteur vom 29sten Oct.
**) Moniteur vom 29sten Dec.
***) Moniteur vom 30sten Oct.
****) Moniteur vom 4ten Dec.

„sind in jedem Winkel von Frankreich bekannt. „Das bedrängte Volk schickte euch her, „um Gesetze zu entwerfen: ihr aber könnt „nicht einmal eine einzelne Anordnung ma„chen: es schickte euch her, um Frankreich „bei Fremden in Achtung zu setzen, und ihr „habt selbst keine Achtung dagegen: es sandte „euch her, allgemeine Freiheit zu gründen, ihr „aber wißt nicht einmal eure eigne zu be„haupten. Ihr zittert vor den Tribünen." *)

„Der Nationalkonvent," so spricht selbst Marat, „gewährt einen höchst niederschlagen„den und schändlichen Anblick. Wenn ein „amerikanischer Wilder hereingebracht werden „könnte, so würde er glauben, die französi„schen Gesetzgeber wären eine Versammlung „Rasender. Unwürdige Männer! Ihr seyd „ohne alle Kenntnisse, Tugend, Patriotismus, „oder Schaam. Eine Bande gottloser, nie„derträchtiger Erben führt euch an, die dem „Ehrgeize blindlings ergeben ist, und aus „Furcht, daß ihre Verbrechen bekannt werden „mögten, zittert." **)

*) Moniteur vom 10ten Januar 1793.
**) Journal de Marat vom 16ten Januar.

Dies sind Schilderungen und Ausdrücke, welche von Mitgliedern des Konvents ganz offenbar gebraucht werden. Paine aber denkt ganz anders vom Konvente. „Er ist" so sagt er, „nicht aus dem Unflate verdorbner Markt „flecken entsprungen — sie debattiren in der „anständigen Sprache wohlgesitteter Männer, „— in heiterer Würde, — sie behaupten „den geraden Charakter des Mannes." — Wir kennen ihre Sprache. Und wenn an, ders ein gerader und rechtwinklichter (wie Paine sagt) Charakter, auch solche Handlun, gen erzeugt, so wissen wir auch, was diese sind.

Ein andrer Staatsklügler in England, bezeichnet die französische Regierungsform un, ter den Bildern „erhabne Gesichtszüge, himm, „lische Würde des Blicks, bezaubernde Schön, „heit, entzückende Erscheinung." Es ist seltsam genug, daß unsre englischen Staats, verbesserer die Regierungsform der Franzosen als ein besondres Geschenk der Vorsehung mit vollen Seegnungen für die Menschheit, darstellen; während jene selbst darin nichts, als eine Gesetzlosigkeit der Mörder und Ban, diten erblicken; daß es einen Engländer gibt, welcher eine solche Verfassung für so wohlthätig erkläret, daß er sie der ersten grosen Ursache des Weltalls unmittelbar zuschreibt. *)

Am 16ten Januar schrieb der Minister des innern Departements an den Ausschuß der allgemeinen Sicherheit: „Seit einem Monate „hat man täglich von Erneuerung der Proscrip„tionen gesprochen, ich habe seit verschiedenen „Tagen Nachrichten von Anschlägen und öffent„lichen Aufforderungen zu Mord und Blutver„gießen erhalten und euch vorgelegt."

Während die Vorsteher des Departements von Calvados dem Konvent sagen: „Paris ist der Brennpunkt der Empörung, Rache und Verbannung, unschuldiges Blut ist geflossen, Elende, die der Schandfleck der Nation sind, und einst der Vorwurf der Nachkommenschaft seyn werden, berechnen in verbrecherischer Stille Leben und Tod ihrer Mitbürger."

*) Sendschreiben des Majors Cartwright an den Herzog von Newcastle.

Was aus einer so reinen Quelle für Ströme fließen müssen, sieht man leicht ein, und in der That ist Frankreich bisher in allen seinen Theilen der Schauplatz der Empörung, des Plünderns und des Blutvergießens gewesen. Die Beyspiele von Marseille, Lyon, Avignon, Arles, Rouen, Caeu, Bourdeaux, Nancy, Lille und vielen andern Städten sind ruchtbar; vielleicht ist es weniger bekannt, daß zu Charleville der kommandirende Oberste ermordet wurde, daß zu Creßy Mord und Todtschlag herrschen *), daß zu Cambray der Oberstlieutenant Besombre von den Gensd'Armes niedergemacht und der Kopf des Capitain le Gros auf einem Bajonette **) umher getragen wurde; daß in Poitou 10000 ***), und in Chartres doppelt so viele Rebellen waren ****). Ausserordentlicher, als dies, ist der Fall des D'Hoté der vom Gericht der Geschwornen, nur auf eine Stunde zum Gefängniß verurtheilt wurde,

*) Den 4ten Sept.
**) Moniteur vom 17ten Oct.
***) Vom 10ten Oct.
****) Vom 15ten Oct.

für Verbrechen, die hundertmal den Tod verdient hätten, den man auf dem Greveplatze an den Pranger stellte, der das Volk um Freiheit oder um den Tod bat. Trotz der Gens d'Armes kletterte der Pöbel aufs Schaffott, riß dem Verbrecher die Bande ab, und führte ihn so im Triumph weg.

„Wann" — ruft der Herausgeber des Moniteur bei der Erzählung dieses Vorfalls aus — „wann wird das Volk die Noth„wendigkeit einsehen, Gesetze zu ehren?" *)

Marat wird wohl nicht im Verdachte stehen, daß es ihm an tüchtigen republikanischen Geiste und jakobinischen Eifer fehle: von ihm wird man nicht glauben, daß er in der neuen Verfassung mehr Uebles entdecke, als wirklich darin liegt. Wir wollen seinen Bericht hören! „Betrachtet, so spricht er **), den ge„genwärtigen Zustand von Frankreich; das „tiefe Elend worin das Volk schmachtet; die „ungeheure Verschwendung der öffentlichen „Schätze; die schnelle Erschöpfung seiner letz„ten Hülfsquellen; betrachtet die Monopolien,

*) Monitenr vom 29sten Oct.
**) Journal de Marat vom 1sten März.

„Diebſtähle, Räubereien, Morde, Plünde„rungen und Unordnungen aller Art, die das „Reich verwüſten. Niemals iſt das Elend des „Volks ſo hoch geſtiegen; niemals iſt die „Anarchie ſo weit getrieben, niemals war eine „Tyranney ſo verzehrend; niemals eine ſolche „Verachtung der Geſetze!"

Wie viele Beweiſe der Wahrheit, daß allenthalben, wo viele nothdürftige Arme ſind, ohne einen König und einen Mittelſtand zwiſchen König und Volk alles in die größte Unordnung geräth! Der Jakobiner Rabaut de St. Etienne hat dies ehemals ſelbſt eingeſehen. „In einem großen Reiche," ſo ſchrieb er im Jahre 1788., „müſſen noth„wendig Männer ſeyn, die mit großer äußrer „Ehre bekleidet ſind, ſonſt wird der Staat in „ein weitläuftig verwirrtes Volksregiment ver„fallen, in eine ungeheure Demokratie, die „ſich entweder in Anarchie oder Despotismus „auflöſet, nachdem König oder Volk der ſtärkſte „Theil iſt." *)

*) In den Confiderations fur les Interêts du Tiers Etat.

Paine sagt: „Die Nation und nicht „das Parlament, sollte Misbräuche abschaf-„fen. Es ist ein sehr seltsamer Gedanke, „daß verderbte Korps sich selbst reformiren „sollen." Je mehr ein Volk sich selbst damit abgiebt, Misbräuche abzuschaffen, desto kräftiger müßte also die Würkung seyn. Laßt uns Frankreich betrachten, um über diesen Text einen Commentar zu erhalten. Ist es daselbst wirklich so zugegangen? Ist die Reform da von Stätten gegangen? Sind Misbräuche verschwunden? Niemals hat der Ausgang eine Lehre so Lügen gestraft, als die Lehre dieses großen Politikers.

Das sind die Früchte der Konstitution, die sich auf eine persönliche Volksvertretung gründet; einer Konstitution, die man als den Stolz und die Ehre der Gesetzgebungen ausgeschrien hat! Das sind Würkungen, die zu einem Kommentar für viele hundert Bücher und fliegende Blätter zur Lobpreisung des Gebäudes, das auf die Rechte des Menschen errichtet wurde, dienen können. Ohne Uebertreibung und Heftigkeit kann man doch wohl sagen, daß sie mehr Elend, Armuth, Verheerung, Einkerkerungen, Blutbäder und Unglück, in vier Jahren, über Frankreich gebracht haben, als die alte Regierungsform diesem Reiche in hundert Jahren zugefügt hat.

Dieses ist die Regierungsform, welche Paine als Gegenbild zu dem aufstellt, was er die Unverfassung von England nennt. Alles, sagt er, hat bei uns eine Konstitution, nur nicht die Nation, und wenn wir eine Konstitution hätten, so müßten wir sie der Welt vorzeigen können. Die Franzosen hingegen machten sich eine, die sie vorzeigen konnten, auf Pergament gedruckt, und in roth Saffian gebunden; ein jeder kann sie, als die Urkunde seines Rechts, in der Tasche tragen. Aber zum Unglück für die Regierungstheorien dauerte diese große Kraft der Gesetzgebung, dieser Stolz der französischen, dieser Gegenstand des Neides der englischen Jakobiner, dies Meisterstück der Metaphysik des Abbé Sieyes, diese Quintessenz von dem was seyn soll, im Gegensatz von dem, was ift *). Dieses herrliche Machwerk, welches so viele Federn für unsterblich erklären und welche nach Paine's Grundsätzen von der Regierung verschieden ist, und vor ihr hergehen muß; dies erste Kind des gallischen Genius; es dauerte — kaum zwei Jahre. Die Freiheit, welche es hervorbrachte, war für die Goldköche der Menschenrechte nicht hinreichend: das Daseyn eines Königs ward ihnen in dem hohen Lichte, welches sie erleuchtete, anstößig; Empörung predigten sie jetzt als heilige Pflicht; Aufstand folgte, und die Schrecknisse, welche auf immer die Jahrbücher der Menschheit entehren werden; die tiefe darauf folgende Verdammniß — sie sind in jedes Herz, aus welchem der Jakobinismus noch nicht alle Züge des Gefühls und der Menschlichkeit vertilgt hat, eingeschrieben.

So ist die Praxis der französischen Revolution beschaffen gewesen. Ihre Theorie findet man in den **Rechten des Menschen.**

*) La physique ne peut être que la connoissance de ce *qui est.* L'art plus hardi demande ce *qui doit être* pour l'utilité des hommes; sagt Sieyes.

Paine sagt: „Künftigen gesetzgebenden „Versammlungen wird es zukommen, nach den „Grundsätzen, welche diese Konstitution vor-„schreibt, Gesetze zu geben; und wenn die „Erfahrung zeigen sollte, daß Veränderungen „nothwendig sind, so werden sie doch nicht „von der eigenmächtigen Willkühr derselben „abhängen." Ehe noch sein Buch recht bekannt geworden war, hatte diese nachfolgende gesetzgebende Versammlung schon die Verfassung umgestoßen. Er fährt fort: „eine „Staatsverwaltung, die aus der bürgerlichen „Gesellschaft entspringt, kann nicht das Recht „haben, sich selbst abzuändern; wenn sie dies „Recht hätte, so wäre sie ganz willkührlich „und despotisch." Hier wirft er selbst die Regierung nieder, welche zu vertheidigen, die ganze Absicht eines Buchs ausmachte. Die französische Verfassung ist also willkührlich und despotisch.

Die Erfahrung berechtigt uns vielleicht zu behaupten, daß die beste Regierung diejenige sey, welche darauf angelegt ist, sich ruhig zu halten, und nichts zu thun: denn die größte Erforderniß derselben besteht nicht in der Thätigkeit, sondern in der Ruhe. In neunzehn Fällen unter zwanzig ist es besser nichts zu thun, als immer bei der Hand zu seyn, sogleich etwas zu thun. Das Recht verschiedener Stände oder Kammern, die Thätigkeit des andern aufzuhalten, sind daher als ein Hinderniß gegen übereilte Thätigkeit sehr nützlich. Keine Verfassung ist so sehr zu unsaufhörlicher Thätigkeit geneigt, als die reine Demokratie, die in einer einzelnen Kammer votirt: der Pöbel ist nie zufrieden, als wenn eine stürmische Reihe von Begebenheiten seine Erwartung immerfort spannt. Wir sehen in Frankreich, daß dergleichen unruhige Thätigkeit sehr despotisch verfährt, und die größten Uebel erzeugt. Kaum hatten die Pariser von einem glücklichen Fortgange der Waffen gehört, so sprachen sie davon, ganz Europa zu erobern, und wenn ferneres Glück sie begünstiget hätte, so würden sie es unfehlbar versucht haben. Die Anführer, welche ihre Wichtigkeit dem jetzigen Sturmwinde großer Begebenheiten verdanken, würden sehr tief fallen, sobald es ruhig würde. Sie können also nie zugeben, daß der Sturm sich lege.

Dennoch sind die Schändlichkeiten von der vorgeblichen abstrakten und idealischen Vollkommenheit nicht schwarz genug, um Männer abzuschrecken, sich keck unter den Augen der Regierung öffentlich zu solchen Meinungen zu bekennen, worin die brittische Konstitution und ihre Freunde unter folgenden Ausdrücken bezeichnet werden: „Rasende Ver„sammlungen, die wüthende und verzweifelte „Entschlüsse fassen." — „Verstümmelter, „fehlerhafter, mangelhafter und jämmerlicher „Zustand."

„Sparsame Bissen, eckelhafter Abfall, „das ist Alles, was das englische Volk von „Freiheit kostet." — „Bettler, die sich von „Brosaamen nähren." — „Erscheinungen „gemishandelter Bürger und eine geplünderte „Nation." —

„Glückliche Franzosen! Wie lange wer„den die Engländer noch den Schimpf ertra„gen, in ihren Parlementshäusern einen em„pörenden Widerspruch mit so fehlerfreien „Mustern zu leiden!" —

„Nicht einmal eine gefällige Nachgiebigkeit wird nach meiner geringen Meinung das Volk jetzt zufrieden stellen und einschläfern. Ein angebotener Vergleich würde von ihm als eine schimpfliche Verhöhnung angesehen werden. Es fordert sein Recht. Es will selbst über sein Schicksal entscheiden. Es verlangt keine Patrone. Seine Freunde werden seine Diener seyn. Seine Schritte sind untrüglich; seine Kraft wird unüberwindlich seyn." — „Unter den Entdeckungen dieser fruchtbaren Zeit hat man auch ausfündig gemacht, daß Menschen ohne Lords leben und weben können, daß die Sonne scheinen und der Thau fallen werden, wo auch nur gleiche Bürger diesen Segen miteinander theilen, und daß auch ohne Erbgesetzgeber und Erbrichter gute Gesetze gemacht und gute Rechtspflege beobachtet werden können." *)

Das englische Volk, sagt Herr Sheridan **), wird von niedrigen Kunstgriffen und betrügerischer Politik irre geführt: ihre beleidigten Rechte und erlöschende Freiheit —

*) Major Cartwrights Brief an den Herzog von Newcastle.
**) In der Erklärung der Freunde der Preßfreiheit.

Herr Grey spricht *) von Opfern verräthe‑
rischer und erkaufter Associationen.

Sollte man nicht glauben, daß hier von
Frankreich die Rede sey? Sind nicht diese
Ausdrücke des lebhaftesten Abscheues recht
eigentlich gewählt, um den Zustand jenes
Reichs, das sich in seinem besten Blute um‑
kehrt, zu bezeichnen? Passen sie nicht viel‑
mehr darauf, als auf einen so glücklichen Zu‑
stand, wie der unsrige ist?

Da man uns so offenbar mit dem Un‑
tergange bedrohet, da die Revolutionsgesell‑
schäften ihre wahre Meinung und Absichten so
deutlich an den Tag legen, und da die Wür‑
kung und Kraft der Volksmasse so bald un‑
überwindlich werden dürfte; so ist es wahr‑
lich Zeit für die Regierung unsers Landes,
über diese so nahe Gefahr, über diese so ver‑
wegnen Drohungen und über diese zügellosen
Druckschriften zu wachen, die, was auch immer
ihre Absicht seyn mag, unfehlbar den Dämon
der Zwietracht, die vorlauten Kläffer des Pö‑
bels, loslassen und eine gänzliche Zerstörung

---

*) In der Erklärung der Freunde der Preß‑
freiheit.

aller gegenwärtigen Blüte unsers Königreichs nach sich ziehen müssen, wenn ihnen nicht Einhalt geschieht.

Aber Paine denkt ganz anders von unsrer Unverfassung, wie er es nennt. „Das Land," sagt er, „regiert sich selbst auf eigne Kosten „vermittelst der Magistratspersonen, Geschwornen, Richter und Gerichte; — was Regierung genannt wird, ist nur eine gränzenlose „Thorheit." Dieses ist eine von den unzähligen falschen und muthwilligen Bemerkungen dieses sträflichen Schriftstellers, der nicht eine unter tausend seiner Behauptungen mit Thatsachen belegen kann. Wären denn Magistratspersonen nicht Tyrannen, ohne die Form der Gerichtshöfe? was wären diese ohne das höhere Gericht der königlichen Bank (Kings bench)? was wäre dieses, ohne eine höhere Aufsicht? Wo man hier auch inne halten wollte, würde gleich eine tyrannische Gewalt entspringen. Die Stuffenfolge und Aufsicht einer Gewalt über die andere ist die Quelle der Ordnung. Die Krone ist es, welche alle diese geringen Sterne in ihren Laufbahnen erhält. In Frankreich existirt, nützt eine solche

Macht nicht mehr, und deswegen ist alles in Unordnung und Tyranney verfallen. Die Ersprießlichkeit und den Nutzen der Magistratspersonen und Gerichtshöfe fühlt und erkennt jeder: aber dies alles verlangen, ohne einen höhern und obersten Gewalthaber zuzulassen, heißt soviel als Attraktion ohne Materie, oder Sonnenhitze ohne Sonne begehren.

„Die Landesregierungen," sagt Doktor Priestley *), „sind bisher beinahe nichts anders gewesen, als eine Verbindung von **Wenigen** gegen **Viele**, und die wichtigsten Vortheile der Menschen wurden schon zu lange den unwürdigen Meinungen, dem niederträchtigen Ehrgeize dieser Wenigen aufgeopfert. Ganze Nationen wurden mit Blut überschwemmt, und jede Quelle künftiger Glückseligkeit vergiftet, um dem Eigensinn der verächtlichsten und abscheulichsten Menschen zu schmeicheln. Was waren bisher die meisten Könige, ihre Staatsminister und Maitressen, denen ganze Reiche gehorchten? Was können wir von denen sagen, die bisher das Ruder der Volksregierungen in Händen hatten, als,

*) Brief an Herrn Edmund Burke. S. 144.

daß sie entweder schwach oder verderbt, oder beides zugleich waren? Daher der allgemeine Vorwurf gegen die Geschichte, daß sie größtentheils nur Menschenlaster und Menschenelend darstellt. Vom gegenwärtigen Zeitpunkte müssen wir nun erwarten, daß er uns eine andre und angenehme Aussicht eröffne."

Die Begebenheiten, welche sich, seitdem diese Stelle geschrieben ward, ereignet haben, nöthigen ihren Lesern ein Lächeln ab. Man sieht jetzt, daß die Verbindung der Vielen gegen die Wenigen, gleichfalls ein Volk mit Blut überschwemmen kann; und das mit einer um desto verruchtern Grausamkeit, je unnöthiger sie für die Vielen war. Man sieht, daß die Quellen der Glückseligkeit auch ohne Minister und Maitressen vergiftet werden können; daß Schwachheit und Bösartigkeit auch ohne Könige am Staatsruder stehen, und die Geschichte nach wie vor Menschenlaster und Menschenelend erzählen wird.

Persönliche Sicherheit.

Der Zustand Frankreichs in Rücksicht auf die persönliche Freiheit seiner Bürger, läßt sich mit wenig Worten schildern: **So etwas findet man da nicht.** Dies ist so notorisch, daß es Vielen unnöthig scheinen mögte, hier Beispiele angeführt zu sehen. Indessen verdienen doch einige Umstände bemerkt zu werden, nicht sowohl, um die Verletzung der ersten und heiligsten Regierungspflicht zu beweisen, als vielmehr nur, um darzuthun, daß solche Verletzungen aus Grundsatz geschahen, und von der Gesetzgebung selbst vollbracht, oder wenigstens zugelassen worden sind.

Die Erklärung der Rechte des Menschen und des Bürgers sagt: **Niemand kann angeklagt, verhaftet, gefangen genommen werden, ausser in den Fällen, die das Gesetz bestimmt, und in der Form, die es vorgeschrieben hat.** — Das ist Buchstabe des Gesetzes. Was die Anwendung? Auf die Klagen von Niort wider einige Gegenrevolutionisten, die vom Pöbel ergriffen waren, der nach ihrem Blute dürstete, aber doch ein dünnes Mäntelchen der Gerechtigkeit um sich her zu werfen begehrte, dekretirte die Nationalversammlung:

„Daß alle peinlichen Gerichtshöfe des Reichs über Verbrechen gegen die Revolution ohne Appellation richten sollten *). Um demselben Blutdurst der Pariser zu stillen, der durch alle Mordthaten noch nicht gesättigt war, dekretirte sie die Abführung der peinlichen Verbrecher von Orleans nach Paris; das heißt: von dem gesetzlich eingeführten Gerichtshofe, wo doch eine Möglichkeit war, gerechte Sprüche zu erhalten, nach einem ganz ungesetzmäßigen, wo keine solche Hoffnung war; und dies geschah im Gefolg folgender, von der Deputation der Gemeine von Paris gethanen Vorstellung: „Es sey Zeit, daß die Verbrecher zu Orleans nach Paris gebracht würden, um hier die Strafe für ihre Verbrechen zu empfangen. Wenn Ihr diese Forderung nicht erfüllt, so stehen wir nicht für die Rache des Volks. Ihr habt uns gehört, und Ihr wißt, daß Empörung heilige Pflicht ist." Dieser Deputation erzeigte man die Ehre, einer förmlichen Einladung, der Sitzung beizuwohnen!!!

*) Moniteur vom 31sten Oct.

Das Schicksal der Gefangenen von Orleans ist Jedermann bekannt.

Nach der Deklaration der Menschenrechte kann Niemand anders gestraft werden, als im Gefolg eines vor dem Vergehen öffentlich bekannt gemachten Gesetzes, und Kraft eines gesetzmäßigen Urtheilspruchs. Nun die Anwendung: In den Kolonien soll jeder Ungehorsam als Hochverrath angesehen werden, und diejenigen, welche sich dessen schuldig machen, sollen nach Frankreich geschickt werden, um da nach der Strenge der Gesetze bestraft zu werden. Die Preßfreiheit ward ebenfalls in der Erklärung der Menschenrechte festgesetzt. So die Theorie; — Die Anwendung? Alle nicht jakobinischen Blätter wurden zum Schweigen gebracht, und ihre Verfasser geköpft!

Kein Wunder, wenn bei einer solchen Regierungsart die Gefängnisse durch Metzeleien ausgeleeret, und durch willkührliche Verhaftungen wieder angefüllt wurden. Am 16ten Sept. schrieb der Minister an die Versammlung: „Es kömmt auf die natürliche, bürgerliche und politische Freiheit der Nation an.

Seit dem 5ten, sind gegen 500 Personen verhaftet worden, so daß die Gefängnisse jetzt stärker, als je angefüllt sind ¡*). Ich habe keinen befriedigenden Bericht darüber erhalten können, kraft welcher Autorität es geschehen ist. Sie sind theils auf Befehl der Municipalität, der Sektionen des Volks und selbst einzelner Privatpersonen gefangen gesetzt: *emprisonnés par ordre, soit de la municipalité, soit de sections, soit de peuple,* SOIT MEME D'INDIVIDUS; und in sehr wenigen von diesen Befehlen waren die Ursachen angeführt.

Man sollte denken, die Gesetzgebung würde auf die Anzeige solcher Misbräuche, flugs nach Gegenmitteln greifen. Ihre Verhandlung darüber ist seltsam: — **Dekret vom 8ten Oct.** „Der Nationalkonvent de-

*) Anm. Man vergleiche damit die Zahl der Gefangenen, welche in der Bastille gefunden wurden, als der Pöbel sich in Besitz derselben setzte, und nicht mehr als Sieben betrug. (Darunter waren vier Wahnsinnige die hier eigentlich nicht mitgerechnet werden können.)

„kretiret, daß Bürger, die in Häusern fest-
„gehalten werden, welches weder Gefängnisse,
„noch Verhafthäuser sind, innerhalb 14 Ta-
„gen, in ordentliche Gefängnisse abgeführt
„werden sollen. Nach Verlauf dieser Zeit
„soll jeder Bürger in Freiheit gesetzt werden,
„dafern kein Arrestbefehl, und kein Anklage-
„dekret vorhanden ist." *)

Sollte noch Ein Zweifel an der wirklichen Tyranney, unter welcher Frankreich
seufzt, übrig seyn, so wäre ein solches Dekret
hinreichend, ihn zu entfernen. Hier wird
es gestattet, daß Bürger so ungesetzmäßig,
ohne einen Verhaftsbefehl, eingezogen, und in
nichtöffentliche Gefängnisse gebracht werden
können; und Menschen sollen bei der Be-
handlung 14 Tage lang bewacht werden, ehe
sie in Freiheit kommen!

Den 16ten Sept. erhielt der Konvent
en officiellen Bericht, und am 8ten Oct. dekretirte er, daß die Gewalt der willkürlichen
Verhaftung noch 14 Tage länger dauern
sollte!!

*) Moniteur vom 9ten Oct.

Das ist noch nicht alles: am 11ten November hörte man noch die Klage in der Versammlung, daß über die Gefangenen kein Bericht abgestattet wäre *). Und es verdient wohl beachtet zu werden, daß während dieser langen Zeit der Einkerkerung so vieler Unglücklichen, Paris unaufhörlich in krampfhaften Zuckungen lag, und jeder Tag erwarten ließ, daß Gefangennehmung und mörderisches Gemetzel gleichbedeutende Wörter werden dürften.

Auf bloßen Verdacht nach Gutdünken einzukerkern, war als ein Mittel, diejenigen zu greifen, welche sie nicht öffentlich anklagen durften, oder konnten, eine bequeme Methode der Tyrannen; jenes Elenden würdig, welcher in der satanischen Versammlung auf die Frage, ob man den unglücklichen König hinrichten sollte? für langwierige Quaalen stimmte; und das vor den Ohren der Tribünen, welche diese mörderischen Wünsche gar leicht hätten ausführen mögen!

Morisson nämlich sprach folgende Abscheulichkeiten aus: „Der erste und natür-

---
*) Moniteur vom 13ten Nov.

„lichste meiner heißen Wünsche wäre, jenes „blutdürstige Ungeheuer (Ludwig den Sechs „zehnten) sein Verbrechen unter den schreck „lichsten Martern büßen zu sehen;" und ein anderer, Gonchon, sagte am 12ten Dec. „Könige werden vorübergehen, aber die Deklarationen der Rechte und Piken werden ewig gelten! Hier laßt den Tyrannen seine Verdammung hören!" Eine Deputation der Sektion der französischen Garden sagte am 29sten Dec.: „Die Sektion „von Luxemburg hat geschworen, Ludwig den „16ten zu ermorden, wenn ihr ihn nicht ver „urtheilt, auf dem Blutgerüste zu sterben. Wir „sind eingeladen worden, diesem Entschlusse „beizutreten." Als ob die Erklärung der Rechte des Menschen nicht schon dadurch vernichtet würde, daß man von einem noch unverhörten Gefangenen so reden durfte; und das unter einmüthigen wiederholten Beifallsklat schen, dem Klatschen von denen, deren Pi ken geschärft waren!

Diesen authentischen Thatsachen zum Hohn und Trotz — ungeachtet sie auf der Autorität, selbst der Minister und ihrer

Freunde beruhen, lesen wir in dem politischen Zustande von Europa, einer Monathsschrift, welche Paine und Konsorten bei Jordan herausgaben (Nro. 6. S. 435.) daß man zu Paris das Eigenthum heilig ehre: **daß nirgends die Geseze so allgemein verehret und befolget würden, als hier!!!** — Wessen mag sich nicht Jakobinerunverschämtheit erfrechen!

Der schändliche Marat, der nächst Pethion vielleicht den größten Antheil an dem Blutvergießen vom 2ten September hat, sucht zu beweisen, daß diese Mordscene ein Werk nicht einiger Wenigen, sondern des ganzen Volks sey. Er sagt: (in seinem Journale Nr. 105.) „Was das Blutvergießen vom 2ten „und 3ten September anlangt, so ist es eine „Abscheulichkeit, es für ein Werk einer Bande „auszugeben. Wenn das ist, so sind die Na„tionalversammlung, der Minister vom In„nern, und der Maire von Paris die Schul„digen, und nichts in der Welt kann sie von „dem Verbrechen reinigen, daß sie nicht Mord„thaten verhindert haben, die ganzer drey „Tage währten. Sie werden ohne Zweifel

„sagen, daß es unmöglich gewesen, sie zu ver-
„hindern, weil die Nationalgarden, die Föde-
„rirten und das Volk, gleichen Antheil daran
„genommen haben. Pethion blieb ruhig am
„Tische mit Brissot und seinen Freunden, und
„stand nicht einmal auf, als die Commissarien
„der Nationalversammlung mit dem Auftrage
„kamen, er solle diesen Ausschweifungen Ein-
„halt thun."

Solche Achtung wird der persönlichen
Freiheit erwiesen, unter der Herrschaft der
Philosophen, einer Herrschaft, die auf den
Trümmern der Regierung errichtet worden,
die man wohl nächst der englischen die mil-
deste und wohlthätigste in ganz Europa nennen kann, und welche von einem unsrer reformirenden Staatsredner *) schrecklich ge-
mißhandelt wird. Er redet davon „als von
„einer Regierungsverfassung, welche das Ei-
„genthum, die Freiheit und das Leben ihrer
„Unterthanen mit Füßen getreten habe, wel-
„che mit nichts, als mit Grausamkeiten, Ker-
„kern und Foltern umging, und sich in vor-

*) Sheridan in einer Rede im Parlemente.

„aus einen Tag der blutigen Rache berei=
„tete." — Beiwörter und Ausdrücke, welche
so gut auf das Gebäude paßen, welches durch
die Revolution errichtet worden, daß man
kaum glauben kann, daß etwas anders damit
gemeint sey.

Sicherheit des Eigenthums.

Hätte ich nicht jakobinische Unterredun=
gen in England angehört, so würde ich zu
diesem Abschnitt wenig Veranlaſſung haben.
Für einen nachdenkenden Leser muß es durch=
aus einleuchtend seyn, daß da kein sichres
Eigenthum Statt finden kann, wo keine per=
sönliche Freiheit ist. Es hieße den gesunden
Menschenverstand beleidigen, wenn man an=
nähme, daß ein tyrannischer Pöbel das Ei=
genthum von denen ehren werde, deren Köpfe
abzuhacken er kein Bedenken trug. Auf
willkührliche Einkerkerungen und Ermordun=
gen müſſen wohl unvermeidlich Angriffe auf
das Eigenthum folgen.

So leicht auch der gesunde Menschen=
verstand diese Folgerungen einzusehen vermag,
so wird dennoch oftmals behauptet, daß die

französische Regierung die Rechte des Eigenthums auf keine Weise gekränkt habe; wenn man etwa die Behandlungen der Emigranten ausnehme, die ihrer Flucht wegen für strafbar angesehen werden.

Aber ist es nicht sichtbar und in die Augen fallend, daß Einkerkerungen auf blossen Verdacht, willkührliche Verhaftsbefehle, Ausleeren der Gefängnisse durch Abschlachten, unaufhörliches Getöse des Plünderns und Mordens — daß alles dieses blos dazu dient, Menschen mit Furcht und Schrecken zu erfüllen, und sie auch ohne Verbrechen zu nöthigen, die Flucht zu ergreifen, nicht Verbrechen wegen, sondern aus Angst und Schrecken?

Durch eure Mordthaten treibt ihr Mitbürger fort, nennt sie dann Emigranten, konfiscirt ihr Vermögen, und das heißt **Sicherheit des Vermögens!** Aufs Geschrei: — Aristokrat oder Verräther — folgt unmittelbar Kerker und Tod. Man hat ausgefunden, daß dieses ein leichtes Mittel ist, seine Schulden zu bezahlen. Ich fragte einen meiner Korrespondenten, was aus einem gewissen Manne geworden wäre, den ich in Paris kennen gelernt hatte? Die Antwort war, er sey auf der Straße einem Menschen begegnet, der ihm viel schuldig war. Dieser hätte ihn augenblicklich als einen Verräther angegriffen, und ins Gefängniß werfen lassen. In diesem Gefängnisse sind zwar so viel man weiß, keine Ermordungen vorgefallen: doch aber hat man von meinem Bekannten weiter nichts gesehn und gehört! — Man kann leicht denken, was aus der Schuld geworden seyn mag.

Sollte der Dämon der Zwietracht in unserm Vaterlande eine Revolution bewürken, und den Herrn Gesetzgeber Paine (den Punchinello des Nationalkonvents, wie ihn Marat in seinem Journale vom 5ten März 1793. nennt) einmal wieder nach Thetford, Sandwich, oder Lewes *) bringen, so würde er jetzt ohne Schwierigkeit alle seine Kreditoren, so zahlreich sie auch sind, befriedigen können. Er würde, mit einem französischen Recepte versehen, ihre Rechnungen auslöschen. In einem

*) Paine hat sich als Zollaufseher in diesen kleinen Städten aufgehalten, und in selbigen viele Schulden zurückgelassen. A. d. U.

Lande, wo solche Vorfälle möglich sind, ist jedes Band, welches das Eigenthum zusammenhält, zerrissen. Da von Sicherheit des Eigenthums zu träumen ist eine allzu arge Thorheit, und die Versicherung, daß sie würklich statt finde, ist eine Unwahrheit, die mit Verachtung abgewiesen werden sollte.

In einem Kirchspiele in Clermontois (Crotè-le-Roy) kam der Verwalter eines Edelmanns, der in einiger Entfernung wohnte, um die Pacht von drei ansehnlichen Pächtern zu heben. Man sagte ihm, der Konvent habe Gleichheit dekretiret, und die Pachterhebungen wären das ungleichste Ding von der Welt. Er wäre ja ein Mann, der sichs sauer werden ließe, um demjenigen eine Kleinigkeit bezahlen zu können, welcher viel einnähme, und überall gar nichts thäte. Der Verwalter versetzte, ihr Scherz mögte wohl ganz gut seyn, aber er käme nicht, um Witz, sondern um Geld zu holen — Geld müßt er haben. — Man wies ihm die Thür, mit der Drohung, ihn aufzuhängen.

Vergebens forderte der Eigenthümer sein Recht von der Obrigkeit; die Municipalität war zu beschäftigt, und es kam nichts heraus, als daß die Versammlung von Kirchspielvorstehern den Pächtern Befehl gab, das Land abzugeben; dagegen nahmen jene selbst einstweilen Besitz davon, unter dem Vorwande: es gehöre der Nation; und würklich wurde es unter die armen Landleute, das heißt, unter sie selbst, vertheilt. Was der Erfolg seyn mag, darnach darf keiner fragen. Was wird indessen aus dem **Rechte des Eigenthums**? Wahrscheinlich wird jener Gutsbesitzer zum Emigriren gezwungen werden, bloß, damit man den Raub behalten könne.

Man wird wohl nicht daran zweifeln, daß allgemeine Plünderung selbst von Ländereyen, sich durch das ganze Reich verbreiten muß, da der allgemeine Sicherheitsausschuß einen Bericht an den Konvent dahin abstattet, „daß **die Nationalhülfsquellen dadurch vermehrt werden können, daß man denen Begüterten,** (*personnes aisées*) **und denjenigen, welche eigensinnig in der Stille daheim den Erfolg der Revolution abwarten wollen, Kontributionen** auflege." *) Die Kontribution wird also den Leuten aus zwei Ursachen auferlegt: erstlich, wegen des Verbrechens, daß sie begütert sind; zweitens, weil sie sich gern ruhig halten.

Kann wohl das Eigenthum unter einer solchen Gesetzgebung respektiret werden?

Bei diesem vom Konvent genehmigten Grundsatze darf man nicht fragen: wie die Taxen erhoben werden? Die armen und geringen Eigenthümer von ein Paar Hufen, welche allenthalben die Majorität in jeder Municipalität ausmachen, entgehen allen Schatzungen: aber sie sind sehr wachsam, diejenigen bis auf den lezten Heller zahlen zu lassen, welche ansehnlichere Besitzungen haben: und da alle Taxen nach dem Gutachten einzelner Kirchspiele in Versammlungen bestimmt und erhoben werden, zu welchen jeder Mensch berufen wird, so richten diejenigen, welche nichts besitzen, alles nach Gutdünken ein, und haben mancherlei weit kräftigere Mittel, das Eigenthum zu theilen, als selbst ein unmittelbares Ackergesetz (Lex agraria).

*) Moniteur vom 18ten Oct.

Die Landwirthe in meinem Vaterlande mögen sich nun selbst ein Gemählde von der Lage entwerfen, in welche sie gerathen würden, wenn ihre Tagelöhner, ihre Knechte und die Armen, welche sie durch milde Gaben unterstützen, alle bewaffnet, auf gewisse Weise in Kriegeshaufen getheilt, die Gewalt der Gemeindevorsteher an sich rissen, und sodann nicht allein dafür stimmten, daß die Geldabgaben nicht allein nach Verhältniß gesteigert werden, sondern sie auch unter ihnen selbst vertheilten; wenn sie dekretirten, wie hoch der Landwirth alle seine Früchte verkaufen, was er den Knechten an Lohn und den Tagelöhnern an Tagelohn bezahlen sollte. Ich mögte wohl wissen, wie unter einer solchen Regierung diejenigen, die bisher in guten Umständen und selbst im Ueberfluß lebten, nur einen einzigen Schilling in der Tasche behalten könnten, und ob nicht eine solche Gewalthaberei ärger seyn würde, als der erklärteste Despotismus, der gegenwärtig in Europa ist, irgendwo existiren mag? Der Landwirth ist solchen Unterdrückungen seiner Gemeindevorsteher ausgesetzt, und dem Gutdünken derer Preis gegeben, die bisher ihm untergeordnet und die selbst von ihm gehegt und gepflegt wurden: doch sichert ihn dies nicht gegen Angriffe von ganz andrer Art.

Ein Befehl der Nationalversammlung, Pferde und Waffen wegzunehmen, war eine gewaltthätige und tyrannische Maaßregel. Indessen hatte das Dekret das Ansehen anerkannter obrigkeitlicher Macht für sich, da es von der Versammlung herrührte, welche sich einmal in Besitz der Gesetzgebung gesetzt hatte. Aber die Municipalität von Paris ging auch noch viel weiter.

Den 13ten Sept. beklagte sich der Minister der innern Angelegenheiten gegen die Versammlung darüber, daß die Bevollmächtigten der pariser Municipalität mit willkührlichen Befehlen in die Provinzen geschickt würden, die sich mit seiner Verantwortlichkeit nicht vertrügen. Ihre Befehle wären von vier Administratoren des öffentlichen Wohls dahin ausgestellt, daß sie sich der verdächtigen Personen und kostbaren Effekten bemächtigen sollten. Pour s'emparer des personnes suspectes et des effects precieux *).

*) Monitenr vom 14ten Sept.

Verdächtige Personen und — kostbare Effekten einziehen; welch ein vortreflicher Auftrag in dem Lande der Freiheit! Ein Auftrag, den noch dazu nicht das gesetzgebende Korps, sondern eine Korporation ertheilt. Die Municipalität einer Stadt sendet Bevollmächtigte, mit andern Worten, kleine Despoten, ins Land aus, zum Verhaften und zum Plündern. Sie thut das unter den Augen der Legislatur! — Wenn der republikanische Leser von des Herrn **Paine** Abhandlung über die englischen Korporationen mit **Rechten** gesättigt ist, so würde es ihm wohl bekommen, die Handlungen der französischen Municipalitäten zu lesen. Sie sind ein guter Kommentar über jenen Text.

Was für Misbräuche bei dem Verkaufe der Emigrantengüter vorgegangen, wie dabei geplündert worden, kann man aus der Klage ersehen, die Sillery im Konvente führte. „Die Mobilien im Schlosse des Baron von „Breteuil, Mangis, waren wenigstens 1,500000 „Livres werth, und es ist fast nichts dafür „eingekommen. Sechs Gobelinstapeten, welche „30000 Livres in Golde gekostet hatten, sind „für 2800 Livres in Assignaten verkauft. Eine

„Uhr, welche 24000 Livres in Golde gekostet
„hatte, ist für 800 in Papier verkauft." So
ist die redliche Administration des gemeinen
Wesens bei diesen Republikanern beschaffen.

Marat deckt uns das Geheimniß auf,
woher die Mitglieder des Konvents, welche
noch vor Kurzem eben so arm, als er selbst
waren, mit einem male reich geworden sind.
„Barbaroux, sagt er in seinem Journale
(Nro. 112.) „hielt die Schnüre des Geld-
„beutels in seiner Hand, so wie den Schlüs-
„sel des Kämmerleins. (eine Anspielung auf
„seine Liebschaft mit Madame Roland). We-
„nigstens muß man das glauben, wenn man
„sieht, wie er rechts und links Assignate ver-
„theilt. Man erstaunt über den übertriebe-
„nen Aufwand mancher Mitglieder, die so
„wie ich, nichts haben, als Schulden. Ob-
„gleich sie verheirathet sind, unterhalten sie
„Mädchen, geben große Soupers, und man
„sieht ihre Frauen beständig im Theater.
„Palassé ist ein Royalist, und macht unge-
„heuren Aufwand. Der Schwiegervater des
„Petion lebt in einem Palaste, ist prächtig
„gekleidet, hält Equipage, führt einen präch-

„tigen Tisch, und hat den Keller des Egmont
„Pignatelli für 23000 Livres gekauft. Ein
„Bedienter des Montesquiou, ist Oberster
„eines Regiments Jäger-Husaren, und zu-
„gleich Lieferant der Lebensmittel für daſſelbe.
„Gorſas, Dulaure, Poncelain, Roederer,
„Caritat, Rabaud, werden alle von Roland
„aus den 100000 Livers bezahlt, die bewil-
„ligt worden sind, um den Gemeingeist des
„Volks zu bilden."

Das Losungswort ist von einem Ende
Frankreichs bis zum andern: Gleichheit.
Man knüpfet es dort an die Freiheit, so
wie die Quackſalber ihr „Wunderheilſam!"
an das Arkanum hängen, womit ſie den
Leichtgläubigen das Geld aus der Taſche locken.

Was denkt man ſich denn nun noch unter dem Ausdrucke Gleichheit, nachdem
aller Rang, alle Titel, Ahnen, und äuſſere
Auszeichnungen, aufgehoben ſind? Es ist ein
ungereimtes, albernes Wort, wenn es nicht
auch auf das Eigenthum geht: denn ſo lange
einer reich, der andere arm iſt, kann keine
Gleichheit Statt finden.

Allein vorliegende Thatsachen sprechen in zu klaren Ausdrücken, als daß ein Mißverstand dabei entstehen könnte, was die neue Gleichheit ist. „Ich verwundre mich gar „nicht, sagt Buzot, daß uns ein solcher Beschluß unter dem Namen des Momoro zu„gefertiget wird, den ich als Präsident im „Departement der Eure die Ländereivertheilung predigen hörte; aber das wundert mich „in der That, daß ein solcher Mann in einer „der Sektionen von Paris präsidirt." *)

In unserm Vaterlande behauptet man, daß das Eigenthum in Frankreich nicht angegriffen werde, dort aber hört man solche Behauptungen nicht. Bei der Zurückkunft der Bevollmächtigten, welche Glieder des Konvents waren, von den Mordscenen zu Chartres, wo sie beinahe niedergemacht worden wären, ward dem Konvent selbst aus Thatsachen bewiesen, daß alle Grundsätze die auf eine Vertheilung der Aecker hinauslaufen, in Berathschlagung genommen würden. (mis en avance) **). Ehe wir diesen Abschnitt

*) Moniteur vom 13ten Oct.
**) Moniteur vom 2ten Dec.

über die Sicherheit des Eigenthums in Frankreich schließen, wollen wir noch einige Blicke auf den wichtigsten Theil des Eigenthums, auf das Getreide, werfen, welches sich in den Händen der Landwirthe befindet.

In England hat uns eine lange Erfahrung davon überzeugt, daß alle Stände sogleich darunter leiden müssen, wenn diese Art des Eigenthums nicht heilig gehalten wird. Seine Verletzung ist eine tödliche Wunde fürs Ganze.

Die leztre Erndte soll in Frankreich ergiebig gewesen seyn, aber natürlicher Ueberfluß fruchtet unter einer solchen anarchischen Regierung sehr wenig. Weil der Pöbel den freien Korntransport hemmte, so stieg alsbald der Preis in manchen Distrikten so hoch, daß das Volk es bequemer fand, Korn wegzunehmen, als es zu bezahlen. Da dies gäng und gäbe wurde, so kam jeder dadurch in Verlegenheit: denn die Landleute waren nicht geneigt, ihr Korn auf die Raubmärkte zu bringen. Diese zerstörenden Unordnungen — diese Segnungen einer Regierung, welche sogar aus einer reichlichen Erndte eine Hun

gersnoth zu bereiten vermag, brachten den Minister der innern Angelegenheiten, Roland, gar dazu, mit Gewaltthätigkeiten zu drohen. Er schrieb an viele Städte. Es würde aber zu langweilig seyn, wenn ich von allen seinen Briefen Auszüge liefern wollte. In einem Schreiben nach Tours drückt er sich folgendermaaßen aus: „Die Municipa=
„litäten müßten alle möglichen Mittel an=
„wenden, um die Landleute zu bereden, daß
„sie Getreide auf die Märkte brächten; denn
„ich muß euch sagen, daß, wenn die Korn=
„besitzer sich solchen väterlichen Einladungen
„widersetzen, die **äussersten Mittel**
„gegen sie angewendet werden sollen. On
„sera bien contraint d'employer envers
„eux les moyens extrêmes." *) Es ver=
dient von englischen Landwirthen wohl über=
dacht und beherziget zu werden, was das auf
sich hat. Ihre Brüder in Frankreich sind mit
einem mäßigen und billigen Kornpreise zufrie=
den, bringen ihre Früchte treuherzig zu Markte;
durch die Operationen des Volks wird aber
der Preis gesteigert und dann plündert eben

*) Moniteur vom 17ten Sept.

dieses Volk, um die Folge seiner Gewaltthätigkeit noch an den armen Verkäufern oben drein zu rächen. Ein solches Verfahren muß wenigstens Furcht vor Theurung hervorbringen, und um ihm zu begegnen, droht der Minister nicht dem Volke, von welchem alles Unglück herrührt, sondern den Verkäufern. Er droht ihnen mit den äussersten Mitteln; will sie dafür strafen, daß sie durch das Raubgesindel — durch die Nation, geplündert werden. Ist der so ausgeraubte, geplünderte Kornhändler unglücklicherweise Landeigenthümer; ist er gar ein reicher Güterbesitzer, dann trifft ihn erst die Last, diejenigen Taxen zu bezahlen, die der bewaffnete Pöbel nicht abtragen will, und hernach, um dies zu können, wird sein Korn von den Verzehrern angetastet, er selbst wird vom Minister bedrohet, als ob noch irgend eine Strafe härter seyn könnte, als die gewaltsame Wegnahme seines Getreides; wollte man ihn aber nicht härter bestrafen, so war die Denunciation eben so albern als bübisch.

Wer den Unterschied zwischen einer solchen Regierungsart, und dem Knittel eines türkischen

Bassa einsehen will, muß einen schärfern Verstand haben, als ich. Eben der Minister schreibt dem Konvent am 15ten Oct. „Ich „höre, daß die Auffeher der Kriegesbedürfnisse „unaufhörlich durchs Land streifen, und, mit „den Waffen in der Hand, die Landwirthe zu „Lieferungen zwingen. Eine solche Verfahrungsart vereitelt jede Verfügung zur Erhaltung der Ordnung, und hemmt den Kornumlauf gänzlich. Ich kann es dem Konvent „nicht verhehlen, daß dies Betragen der Lie„feranten darauf abzielet, allenthalben Ver„wirrung und Unordnung zu verbreiten, und „daß es unmöglich seyn wird, Paris mit „hinlänglicher Zufuhr zu versehen, falls jene „fortfahren, mit Gewalt, oder zu selbst gesetz„ten Preisen, Proviant von den Güterbe„sitzern zu erzwingen."

Nun das übertrift doch wohl, wo möglich, alles, was die jakobinische Regierung nach jakobinischen Freiheitsgrundsätzen ersinnen konnte, um ihre tiefste Verachtung gegen alle Landwirthe an den Tag zu legen. Der Minister stellt dem Konvent das unübersehbar große Unglück vor, und wie schließt er seine

Vorstellung? Er sagt ihm, wenn solche Unternehmungen gebilligt würden, so **könnte Paris unmöglich mit hinreichendem Kornvorrathe versorgt werden!!** — Das ist also das einzige Unglück! Was die armen, geplünderten Landleute betrifft, so gesteht er zwar ein, daß ihre Beraubung eine **Unordnung** sey, aber indem er alles aufbietet, um der Legislatur die Nothwendigkeit einzuschärfen, auf das Unglück Rücksicht zu nehmen, so bezieht er sich einzig und allein auf die Versorgung von Paris!

Ist Paris versorgt, so geht alles gut! die Landleute — nun die mögen sich selbst helfen! Diejenigen, die uns in England vorschwatzen, daß die französische Revolution im Anfange für den Ackerbau (besonders wegen der Zehnten) günstig gewesen sey, mögen bedenken, wie viel auf einen **freien Markt** ankomme. Unsere Landwirthe werden bald entdecken, daß keine Vorrechte, keine Begünstigungen sie entschädigen können, wenn sie mit der **Pike**, oder dem bloßen Schwerdte gezwungen werden, zu **Preisen** zu verkaufen, die ihnen andere mit aufgehobener Kolbe vorschreiben werden. Kein Wunder, daß solche Maaßregeln Städte aushungern und Provinzen verwüsten, so daß die Proviantkommissäre berichten müssen, **der Kornmangel steige in den großen Städten aufs höchste.** *)

In allen diesen und tausend andern Beispielen sehen wir die augenscheinlichen Folgen der Paineschen Grundsätze. Er verbreitet sich über den Luxus der großen Güter, und empfiehlt ihre Vereinzelung. Das Verfahren der Franzosen bringt seine Grundsätze zur Ausführung, und unstreitig waren viele französische Landwirthe sehr erfreuet, indem sie sahen, daß die großen Güter im Reiche zertheilt werden sollten.

Sie sahen aber nicht voraus, daß die Reihe auch an sie kommen würde; daß der Grundsatz der Gleichheit, wenn er einmal in Anwendung käme, unfehlbar auch alles Eigenthum gleich machen müsse, und dem Bettler, der kein Stück Brod in der Tasche, aber eine Pike auf seiner Schulter hat, den Wunsch eingeben würde, den ungeheuren Ab-

*) Moniteur vom 16ten Nov.

stand, zwischen seinem Bettelsacke und der vollgepfropften Tenne des wohlausgefütterten Pächters, auszugleichen. Unsere Landwirthe müssen daher wohl bedenken, daß eben der Grundsatz, der ein Eigenthum von 40000 Pfund jährlicher Renten deswegen angreift, weil es in Verhältniß mit andern Besitzungen zu fett ist, auch ein Gut von 200 Pfunden, auch ein Gütchen von 50 Pfunden, aus eben der Ursache antastet: denn im Vergleich mit dem kärglichen Einkommen der Minderbegüterten ist auch das viel. Wir alle aber wollen beherzigen, daß die gegenwärtigen gefahrvollen Auftritte in Frankreich, welche mit einer Schnelligkeit, die alle ähnlichen Begebenheiten in der Geschichte, oder alles, was man sich davon denken kann, in Absicht der Verbreitung des Elendes, übertrift, für jeden, der etwas Sein nennen kann, ein merkwürdiges Schauspiel aufstellen; für niemand aber mehr als für die Landwirthe. Es gilt jetzt in dem Hader, welcher in jenem ehemals so blühenden Reiche wüthet, nicht mehr der Wahl zwischen Freiheit und Tyrannei, zwischen beschützenden und unterdrückenden Regierungssystemen; sondern alles ist auf den einzigen Punkt zusammengedrängt: auf die Frage über Eigenthum. Es wird mit dem Schwerdte in der Hand untersucht, ob die, welche **nichts haben**, das Eigenthum derer, die **etwas haben**, nicht angreifen und besitzen dürfen? Eine schreckliche Frage, ein schauderhafter Kampf, der sich nur mit dem gleichen und allgemeinen Untergange aller endigen kann, worin derjenige, welcher durch den Verlust seines Nachbarn etwas gewinnt, nur deswegen gewinnt, um, wenn die Reihe an ihn kömmt, gegen einen handfestern Räuber wieder zu verlieren, bis Mord, Zerrüttung und Anarchie das Eigenthum zum Signale des Angriffs, und die Dürftigkeit zum besten Schilde gegen die Anläufe und Tyrannei des Pöbels werden erhoben haben! *)

*) Man verfolge die Erklärung der Menschenrechte, Artikel für Artikel, und man wird finden, daß auch nicht ein einziger Satz, als ein unveräusserliches Recht des Menschen, aufgeführt ist, der nicht mit der gehässigsten Grausamkeit verletzt worden wäre. Ein Engländer ist stolz auf den Gedanken:

So steht es mit der Regierung, der Freiheit und dem Eigenthum in Frankreich. Ich will diese Thatsachen in einen allgemeinen Schluß zusammenfassen, und kann dreist die Behauptung wagen, daß die Revolution jenes

in seinem Hause eine sichre Burg zu haben; aber man vergleiche die Verfahrungsart der jakobinischen Regierung in dieser Hinsicht. „Es ist dekretirt, daß die Municipalitäten bevollmächtigt sind, alle Häuser zu durchsuchen, ob vielleicht Waffen darin sind, und ein Verzeichniß von Pferden und Wagen aufzunehmen, die zum Kriege tauglich sind." — Und bald darauf wurde ihre unbedingte Wegnahme beschlossen. Dies war das Signal, wodurch alle Häuser dem Raubgesindel Preis gegeben wurden, und dies geschah auf Befehl der Legislatur, die durch persönliche Stellvertretung gewählt war.

Frägt man nun nach der Apologie, wodurch die Tyrannen zu Paris ihre Handlungen beschönigen wollen, so ist ihre Antwort: Staatsbedürfniß; welches ein englischer Staatsverbesserer eine Tochter der Hölle nennt.

Reich durchaus gestürzt hat. Vielleicht wird man mir sagen, daß die Sachen in diesem Augenblicke nicht schlimmer stehen, und der Umsturz des Reichs noch nicht näher zu seyn scheine, als vor Jahr und Tag. Die französischen Waffen sind sogar auf allen Seiten siegreich. *)

Eine Untersuchung über diesen Grad des Drucks und der Gewaltthätigkeit, welche man eigentlich Ruin einer Nation nennen kann, würde mich in eine zu große und unnöthige Weitläuftigkeit hinein führen. Wenn blos auswärtige Eroberungen glücklich machen, so war Marokko unter dem Wütrich, welcher 40000 Menschen mit eigner Hand ermordete, keinesweges im Zustande der Zerrüttung; und dann ist die Türkei unter der Herrschaft der Roßschweife und der seidnen Schnüre nicht zu Grunde gerichtet.

Leben und Eigenthum der Franzosen schwebt in dieser Gefahr, sobald lezteres nur das Geringste mehr beträgt, als was auch

*) Der Verfasser schrieb diese Zeilen im Anfange des Jahres 1793.

der Pöbel besitzt; ein riesenmäßiger und fressender Despotismus hat alle Sicherheit derjenigen, deren Eigenthum über das Vermögen des Volks hinausging, in Staub aufgelöset. Kurz, das Gesetz regiert dort nicht; es wirkt dort allenthalben eine stärkere Gewalt. Despotisches Ansehen mag immerhin die Reihen des Kriegesheeres ergänzen, wie denn auch die Sklaven von Algier kämpfen und siegen können, so wird doch das Reich durch den Sieg, der seine Fahnen erwartet, eben so gewiß gestürzt, als wenn die deutschen Paniere nach Paris, Marseille und Bourdeaux flögen. Die alte Regierungsverfassung in Frankreich war bei allen ihren Fehlern zuverlässig die beste, die irgend ein großes Land in Europa genießt, England allein ausgenommen. Aber sie hatte manche Fehler, welchen eine jede Klasse der Nation abgeholfen zu sehen wünschte.

Dieser natürliche und rühmliche Wunsch bildete in allen Ständen Demokraten, sowohl unter denen, die Eigenthum hatten, als unter den Armen. Im Anfange der Revolution war Frankreich im Besitze der reichsten Ko-

E

lonien in der Welt; des stärksten Umlaufs von baarem Gelde in Europa. Der Ackerbau nahm sich auf und obgleich die Nation durch eine zu starke Bevölkerung für die höchste Stuffe der Nationalglückseligkeit allzu zahlreich geworden war, so befand es sich dennoch besser, als die Bewohner mancher andern europäischen Länder. Die Regierung war wohlgeordnet und milde, und was eben so wichtig, als das übrige war, der leztere gütige Regent dachte mit seltnem Patriotismus darauf, die Konstitution des Reichs durch weise Mittel zu verbessern.

Vergleicht man alle diese Umstände mit dem gegenwärtigen Zustande von England, so können sie nicht den gehörigen Eindruck machen. Sie müssen bloß mit dem verglichen werden, was sich seitdem zutrug, und ihre jetzige Beschaffenheit erscheinet bei der Rücksicht auf das Vergangene in ihrem eigentlichen Lichte. Die jetzige französische Regierung ist eine Anarchie, welche weder Leben noch Eigenthum achtet, der Ackerbau dieses Reichs sinkt tief, seine Landwirthe sind Sklaven, seine Einwohner sind darbend, seine Manufakturen vernichtet, sein

Handel zerrüttet und seine Kolonien gänzlich zu Grunde gerichtet, sein Gold und Silber ist verschwunden, seine Assignaten durch die ungeheure Anhäufung zu 3000 Millionen, ausser einer unglaublichen Menge falscher, so sehr herabgesetzt, daß sie mit schnellen Schritten eine gänzliche Stockung in jeder Art von Industrie und Handel herbeiziehen; seine öffentlichen Einkünfte um drei Viertheil verringert, seine Städte, Schauplätze der Empörung, der Blutbäder, des Hungers; seine Provinzen durch Banditenrotten geplündert; seine Aussichten auf Friede und Ruhe in der Zukunft hängen von einer Konstitution ab, die noch erst vom Janhagel-Konvent errichtet, und von Gassen-Sanskulottes sanktioniret werden soll. Es sind nicht wenige einzelne Verbrechen an Unschuldigen begangen, es ist ein Gefolge schreckhafter Proscriptionen, welche nah und fern die Gesellschaft auseinander sprengen und sich über alle Gegenden des Reichs verbreiten; es ist Vernichtung der Stände, des Rechts, des Eigenthums; es ist Ruin der Eigenthümer von mehr als der Hälfte Frankreichs; es ist Gesetzgebung der Wölfe, die bloß regieren, um zu zerstören.

und alle diese Blutbäder und Plünderungen, Mordbrennereien und Schreckensscenen jeder Art sind doch so wenig nothwendig zur Gründung der Freiheit, daß sie dieselbe vielmehr unaufhaltsam zerstörten. Mit Einem Worte, Frankreich ist jezt schlechterdings ohne Regierung; Zerrüttung herrscht, der Dolch und die Pike des Pöbels geben allen denen Gesetze, welche ehedem die höhern Klassen ausmachten und treibt überdem noch mit dem Schein der Gesezgebung sein Gespött. Der Pöbel zu Paris ist lange im wirklichen Besitze einer unumschränkten Macht gewesen. Er wird sie nicht freiwillig aufgeben: wenn der Konvent sich frei zu machen versucht, so wird er niedergemacht werden und nach einer ununterbrochenen Reihe von neuen Schrecknissen (wenn fremde Hülfe fehl schlägt) unter dem Despotismus der Triumvirn oder Diktators, fallen. Nach einem Bourbon wird die Reihe einen Metzger treffen.

„Alle vorhergehenden Revolutionen" sagt Paine, „bis auf die amerikanische, sind in= „nerhalb der Atmosphäre eines Hofes, niemals „auf der großen Tenne einer Nation bewürkt "worden" *). Zum Unglück für diese jämmerliche Kopie war die Tenne der Revolution breit genug, ihr Boden war das Blut und Eigenthum von Frankreich. Die Schilderung davon hat keine Aehnlichkeit mit dem "abgeschmackten Zustande einer erblichen Regierung"! Sie fand in den "Scenen des Schreckens und der höchsten Ungerechtigkeit" "wie hoch die Menschheit steigen könne". Was die Franzosen verlohren haben, ist in die Augen fallend; gewonnen haben sie Assignate, Kokarden und die Musik zu ça ira. Wirklich, sie haben einen klugen Tausch gemacht, sie haben ihr Gold für Papier, ihr Brodt für eine Schleife, und ihr Blut für ein Lied hingegeben. Der Himmel bewahre uns vor der Raserei solcher Tausche und verschiebe die Revolution für die "Ordnung des Tages," für "den Morgen der Vernunft, der über den Menschen" in Frankreich aufgeht.

*) Rights of Man.

Dies sind die Folgen der französischen Revolution. Wir untersuchen nun zunächst: Woher solche Uebel entstanden?

Man kann sie dreyen, in die Augen fallenden, Zügen im neuen System ihrer seynwollenden Philosophen zuschreiben: 1) der persönlichen Stellvertretung; 2) den Rechten des Menschen; 3) der Gleichheit.

Erstlich: **der persönlichen Stellvertretung.**

Giöt es einen Umstand, dem alle in Frankreich vorgefallene Abscheulichkeiten mehr, als irgend einem andern zugeschrieben werden können, so ist es die gedoppelte Stellvertretung, welche Herr Necker gegen alle Autorität, die Achtung verdiente, dem tiers Etat zugetheilt hat. *) Das Uebergewicht des Volks in der Versammlung, verbunden mit dem Empörungsgeiste des Volks ausserhalb derselben, fiel

*) Paine sagt fälschlich, das Pariser Parlament habe diese verdoppelte Repräsentation empfohlen — Er hätte dies besser wissen können. Er war selbst dazumal in Paris. A. d. U.

sogleich in die Augen. Der Hof war getheilt; der König gewissenhaft und rechtschaffen. Mit solchen Waffen konnte man dem Gedränge des Augenblicks nicht begegnen. Die Hefen des Volks triumphirten und — die ganze Welt weiß die Folgen. Man kennt den Baum an seinen Früchten und kann sicher behaupten, daß eine persönliche Stellvertretung, die dem niedrigsten Pöbel Einfluß in Regierungsangelegenheiten gibt, ein großes Reich, eine ungeheure Hauptstadt zu der unbegränzten Gesetzlosigkeit führen muß, die Frankreich wirklich gestürzt hat. In jedem repräsentativen Korps, wo das Volk nach Kopfzahl repräsentirt wird, das heißt, wo der Mann, der keinen Heller im Vermögen hat, so gut seinen Abgeordneten schickt, als der Besitzer eines Eigenthums, und wo es zehnmal mehr Dürftige, als Wohlhabende gibt, — wo die so gewählten Abgeordneten, nicht einmal lange genug sitzen, um über die Willensmeinungen ihrer Konstituenten ruhig zu stimmen, da muß nothwendig alles Eigenthum ein Raub derjenigen werden, die nichts haben. Könnten sich die Theoretiker so gröblich getäuscht haben, um nur einen

Augenblick anzunehmen, auf solch eine Machtvertheilung werde nicht unmittelbar Gewaltthätigkeit und Plünderung folgen, so mögen sie sich in Frankreich nach Thatsachen umsehen, um das zu lernen, was ihre Vernunft hätte voraussehen können.

Die abstrakten Rechte der Menschheit, diese widersinnigen Ideen, denen in der That gar keine politische Existenz zukömmt, haben alles Unheil hervorgebracht; denn diese Rechte, welche nicht angewandt werden können, ohne andre Rechte und die Rechte andrer Menschen, die eben so viel gelten, zu vernichten, sind offenbar bloße Hirngespinste, Ausgeburt müssig spielender Köpfe, aber Unmöglichkeiten in der Anwendung. Die Franzosen hingen an solchen Träumen, bildeten sich ein, daß Stellvertreter des Volks, nach Kopfzahl gewählt, diese Rechte anerkennen und sichern würden und schufen sich nach denselben eine Regierung. Sie machten die englische Verfassung lächerlich, weil sie sich auf ein Gegengewicht der Stände gründe, weil in derselben ein aristokratisches Korps eine Stimme zu geben habe, und die Rechte der Menschheit verwerfen könne. Sie machten sich aus ihren Theorien ein Gewebe von Hirngespinnsten, und wollten dadurch solche Menschenrechte vor allen Einschränkungen sichern.

Ist ihnen dies gelungen? Ist das große politische Experiment für die persönliche Stellvertretung günstig ausgefallen?

Die Herren Makintosh, Cristie, und andere rüstige Schriftsteller, welche der französischen Konstitution öffentliche warme Lobreden gehalten haben, mögen diese Fragen beantworten. Sie haben eine sehr entscheidende Antwort gegeben. Alles, was sie daran zu tadeln finden, ist dieses, daß noch nicht genug Rücksicht auf die Personenzahl des Volks genommen worden.

Die Erfahrung hat aber bewiesen, daß, so viel Rücksicht auf die Personen genommen worden, das Eigenthum so gut als vernichtet ist. In so weit also ist die Frage alsbald entschieden, als aufgeworfen.

Es schreyet eine Parthey in England laut nach der Reform in der Volksrepräsentation, und will in dieser Verbesserung allen Menschen ohne Unterschied, das Wahlrecht eingeräumt wissen. Auch ich gehöre zu denen, die eine Veränderung wünschen, aber nicht von der Art, und nicht in einem Zeitpunkte, wie der gegenwärtige ist. Ich wünsche, daß die Mittelklasse der Landeigenthümer besser vertreten, daß für jede Grafschaft *) noch ein neuer Deputirter gewählt werde, und zwar durch Männer, die nicht **unter Hundert** und nicht **über** Tausend Pfund jährlicher Einkünfte haben. Ich wünsche endlich, daß für die neuen Deputirten eine gleiche Zahl Abgeordnete derjenigen Marktflecken, welchen am meisten vorgeworfen wird, eingehen mögten. Aber ich wollte doch lieber in Konstantinopel, als in meiner Heimath zu **Bradfield** wohnen, wenn die unbändigen und widersinnigen Vorschläge, die man von Menschenrechten herleitet, in unserm Reiche ausgeführt würden. Kurz, ich habe Eigen-

---

*) England ist bekantlich in 40 Grafschaften, Wallis in 12 und Schottland in 30 Grafschaften vertheilt. Von jeder Grafschaft in England werden 2 Deputirte zum Parlamente erwählt, von jeder Grafschaft in Wallis und Schottland aber nur einer.
A. d. U.

thum und will nirgends leben, wo der erste der beste Bettler, welcher mir aufstößt und in der einen Hand den Säbel und in der andern das Menschenrecht hat, einen Theil dessen von mir ertrotzen kann, was jede gute Regierung das Meinige nennt.

Meine Ideen von einer nützlichen und wahren Reform des Parlaments beruhen eben sowohl als andre auf spekulativen Gründen. Sie verdienen also keinesweges den Vorzug. Die Erfahrung hat gezeigt, daß die Einrichtung der Parlements-Wahlen die bey uns statt findet, nicht gefährlich ist. Was bedeuten dagegen die Einwürfe der spekulativen Köpfe?

Die französische Konstitution war in der That ganz unbedingt auf persönliche Repräsentation gegründet. Nach dem Buchstaben des Gesetzes waren zwar einige Personen davon ausgeschlossen, aber einem andern Grundsatze des nemlichen Systems zu folge wurde der niedrige Volkshaufe bewaffnet, und die Urheber der Revolution hatten auch wahrscheinlich vorausgesehen, daß Wahlen, an der Spitze von Bewaffneten veranstaltet, auch unter der Gewalt dieser Bewaffneten stehen würden. Man sehe nun nicht sowohl auf den Buchstaben eines chimärischen Gesetzbuchs, als auf die Erfahrung in der Geschichte von Paris, Marseille u. s. w. gleich vom ersten Anfange der Unruhen an.

Ich zweifle gar nicht daran, daß Manche aus würklich lobenswerthen Gründen eine Veränderung des Parlaments wünschen, unter dessen Schutze wir die Sicherheit genießen, die uns während jedes Augenblicks der französischen Anarchie zum Gegenstande des Neides anderer Nationen macht; Sie sind nach theoretischen Gründen überzeugt, daß persönliche Volksvertretung wohl mit der Sicherheit des Eigenthums bestehen könne, und wenn sie durch diesen Wahn getäuscht werden, so war doch selbst ihr Irrthum einst ehrwürdig *).

*) Solche Männer machten einst größtentheils die konstituirende Versammlung in Frankreich aus; aber man kann anjezt aus der Erfahrung beweisen, wie thörigt ihre Idee war. Die Versammlung selbst hat die Probe bestanden. Sie bildete eine Regierungsform nach den Rechten des Menschen, und dieser Grundsatz, auf den sie baueten, war

Sie nahmen sich vor: **bis hier will ich**

so locker, daß in Jahresfrist das Gebäude über ihnen zusammenstürzte. Ich kenne nichts ekelhafters, als die Reden über diese schöne Theorie, die man noch jezt hier und da hört, und die ungefähr noch eben so lauten, als vor einem Jahre, da die konstituirende Versammlung noch eben so gerühmt wurde, als sie jezt verwünscht wird. Solche Männer vergessen, daß ihre Theorie jezt in Thatsachen und Würklichkeit übergegangen ist. Der Versuch ist gemacht, wir haben den Erfolg gesehen, wie er ganz fehl schlug. Laßt uns doch nun — ich bitte euch im Namen des gesunden Menschenverstandes,' — laßt uns doch als gute Landwirthe bloß auf Erfahrungen sehen! Und wenn jene ewige Theorienschmiede immer wieder auf neue Gespenster ihres verbrannten Gehirns zurückkommen, so laßt uns ihnen erwiedern: „**Wir haben das Ding versucht, eure Methode zu pflügen ist probirt und untauglich befunden.**" Die Erndte ist danach nicht gut ausgefallen. —

Diese Grundsätze des Ackerbaues können auch auf die Regierung angewandt werden. Wenn ihr die Erfahrung zur Hand habt,

gehen und nicht weiter *), allein sie vergessen, daß sie gleich bei den ersten Schritten

wollt ihr denn wieder zu Theorien zurückgehen? Wenn Erfahrung ein halbes dutzend Theorien von eben dem Schlage vernichtet hat: wollt ihr da wieder auf neue Träume horchen? Wieder von neuem das Werk beginnen, weil eben die Männer euch sagen, daß sie abermals neue Hirngespinste haben, mit denen ihr euch etwas zu thun machen könnt?

Die gewisse Schlußfolge, welche aus den französischen Experimenten abgeleitet werden kann und welche mit großen Buchstaben geschrieben zu werden verdient, ist diese: *Wo das Wahlrecht nach Kopfzahl ausgeübt wird, da ist es mit dem Eigenthume vorbey.* Nun wissen wir, was wir von den Vorschlägen denken sollen, die bisher in unserm Reiche zu Verbesserungen gethan sind.

*) So sprachen auch die Männer, welche der französischen Revolution den Weg bahnten, und empfinden jetzt die Folgen davon. Necker verdoppelte den tiers etat, und wurde mit Verlust von 100,000 Pfund verbannt. Sieyes sagte: le tiers est tout; und fiel in Ungnade.

die Macht aus den Händen gegeben haben, wodurch andere allein abgehalten werden konn:

Barnave fragte, ob das erste vergoßene Blut auch rein gewesen wäre? und — schmachtet im Gefängniße. Dem Bailly scheint sein beau jour jezt in einem Dachstübchen in London.
La Fayette fühlt in seiner Gefangenschaft zu Wesel, daß Empörung nicht die heiligste Bürgerpflicht sey. Lebte Mirabeau noch, sein Kopf wäre keinen Augenblick sicher, auf den Piken umhergetragen zu werden. Der Minister Roland, welcher in seinem unverschämten Briefe an den König sagte, Revolutionen seyen nothwendig, weil die Stimme der Wahrheit an Höfen nicht gehört werde, schmiegt sich jezt unter einer aufgehobnen Pike, und findet, daß die Jakobinische Justizverwaltung eben so wenig auf die Stimme der Wahrheit hört, als Höfe, und verflucht die Thorheit des Geschreys nach Revolutionen Petion ausgezischt und beworfen, Marat im Triumphe, Manuel tödtlich verwundet: so läuft das Rad der Revolution fort. Dieser Wechsel der Dinge ist vortreflich geschildert in le dernier Tableau, de Paris, par M. Peltier.

ten, die Sachen noch ein bischen weiter zu treiben; daß diese andern wieder durch eine dritte Menschenklasse fortgetrieben werden, die auf die Rechte des Menschen losarbeiten, und so endlich durch einen Simson aus dem Pöbel, alles was da ist, sammt den **Dagonstempel** umstoßen.

Ehrwürdig, wohlmeinend, aber queerköpfig mögen jene Männer bey ihren Beweggründen seyn, aber das lasse sich ja niemand einen Augenblick aufheften, daß das geringste Hochachtungswürdige an den Gleichmachern seyn könne, an den Rittern der Menschenrechte, deren Grundsätze nicht um ein Haar besser sind, als die Grundsätze der Straßenräuber und Diebe. Sie gehen sowol als diese darauf aus, das Eigenthum gleich zu machen. Herr Wyvil *) schwazt in seiner lezten Schrift von einer **gemäßigten Reform**, er will den **Eifer des Volks zur gemäßigten Abhaltung seiner Beschwerden** aufgeregt wis-

---

*) Ein Geistlicher in Yorkshire, der an der Spitze einer dortigen Association zur Bewürkung einer Parlamentsreform stand.
         A. d. U.

fen. Als obs auch möglich wäre, wenn der Volksgeist einmal durch aufrührerische Schriften in Bewegung gebracht worden, die Linie der Mäßigung zu ziehen, welche der Pöbel nicht überschreiten soll!

Ihr wünscht die Abstellung der Beschwerden vermittelst des Volks. Dieses bedarf aber zur Ausführung eurer Vorschläge einer Gewalt, mit der es auch noch vielmehr unternehmen kann. Hat es einmal solche Gewalt, wozu wird es sie gebrauchen? — Holt euch die Antwort auf diese Frage aus Paris. Aber wir haben auch noch einen unzweifelhaften Beweis, daß man noch etwas mehr, als eine bloße gemäßigte Reform, beabsichtigt, in einem andern Werke, welches neuerlich von einem Chef der reformirenden Parthey ins Publikum kam *). Dieser belobpreiset die französische Revolution, nicht als eine Reform, sondern als eine gänzliche Zernichtung, oder nach seinem Ausdrucke als eine Auflösung der Regierung, und weil an deren Stelle das errichtet worden, welches so kurze Zeit, nachdem dieser

*) Sendschreiben des Majors Cartwright.

Verfasser geschrieben hat und noch ehe sein Werk gedruckt war, für ein wahres **Ungeheuer** erkannt worden ist; und gegenwärtig die blutige, abscheulichste Tyranney ist, die jemals die Jahrbücher des neuen Europa befleckte.

Gewalt, vermittelst der Repräsentation nach Kopfzahl, in die Hände des Volks gebracht, hat Frankreich gestürzt. Hier in England ist jetzt die Frage: ob die Landwirthe Sicherheit des Ihrigen dadurch behalten sollen, daß sie einmüthig jenes System mit alle dem Abscheu betrachten, den es verdient? oder ob wir uns durch Bedenklichkeiten und Wankelmuth mit den Feinden des bürgerlichen Friedens verbünden, und alles aufs Spiel setzen wollen, was wir gegenwärtig besitzen?

Ich kann nicht begreifen, aus welchen Gründen jetzt noch Republikaner und Freunde der Freiheit jene ungeheure Revolution billigen können. Wollen sie ihren eigenen Lehrsätzen treu bleiben, so müssen sie jene politischen Schauspieler auf dem französischen Theater für die gefährlichsten Feinde der menschlichen Freiheit halten, welche jemals die Welt gesehen hat. Sie haben nicht nur die Menschen an sich in einer neuen und häßlichen Gestalt des Undanks dargestellt, wovon man sonst kein Beyspiel hat, sondern sie haben auch dargethan, daß eine Freiheit, die auf Spekulation und bloße Vernunftsysteme gebauet ist, für die gesammte Menschheit ein Unding, daß sie ihrem eigenen Vortheile und dem Vortheile der würklich anwendbaren Freiheit durchaus gefährlich ist. Sie haben allen Regierungen der Welt ein Beispiel der Tyranney gegeben; haben der ewigen politischen Finsterniß, und der Verbreitung politischer Dummheit eine hochdaherfahrende Lobrede gehalten. Persönliche Repräsentation muß nothwendig in den Städten gerade Wenigen der dürftigsten, ärmsten, kümmerlichsten Mitglieder der niedrigen Volksklasse in die Hände fallen. Wir haben davon in Paris ein äußerst merkwürdiges Beispiel gehabt. In dieser Stadt sind ungefähr 150000 Stimmengeber, und doch waren ihrer, als sie bei der Wahl ihre Stimmen abgaben, nicht mehr gegenwärtig, als zwischen 9 bis 12000. Es ist also unleugbar, daß die Einwohner, als

sie fanden, daß sie nicht frei und sicher stim‑
men konnten, lieber gar nicht stimmen woll‑
ten. Welch eine Satyre auf das allgemeine
Stimmrecht des Volks, welches über die
Stimme seiner Mitbürger eben so disponirt,
wie es die Rechtspflege verwaltet — durch
die Pike! „In jeder Stadt," sagt Paine,
„kann man alle Materialien finden, deren eine
Regierung immer bedarf." Gewiß meint er
die Pike; denn sie ist das Hauptmittel im
neuen System. —

„Es ist bekannt genug" sagte die
Deputation von Finisterre vor den Schran‑
ken des Konvents „daß in den Sektionen
von Paris nur höchstens funfzig Men‑
schen das Wort führen denen alle mit
einer ganz unglaublichen Nachgiebig‑
keit den Platz lassen Erstaunt über
eine so allgemeine Desertion, ließen
wir es uns angelegen seyn, die Ursache
davon zu ergründen und man versi‑
cherte uns. daß niemand seine Mei‑
nung frei heraussagen dürfe, ohne die
größte Gefahr zu laufen. Wir erschrek‑

ken über einen solchen Volksdespotis-
mus." *)

Die Föderirten sagten vor den Schranken des Konvents, am 13ten Januar: Die
öffentliche Macht ist desorganisirt, und Dolche
setzen alle gute Bürger in Furcht. Die Mar-
seiller schreiben an die Sektionen von Paris:
Schonet nicht die Freiheitmörderischen Mitglieder, welche für Ludwig stimmen: wir verdammen sie zu ewiger Schande.

Wenn die Stellvertretung nach Kopfzahl in dem kurzen Zeitraume von vier Jahren Frankreichs Regierung in die Hände des
Pöbels gebracht hat; wenn daraus zwei gesetzgebende Korps hintereinander entstanden
sind, deren Mitglieder gar kein beträchtliches
Eigenthum besitzen, wenn die Folge davon
eine Vernichtung alles Eigenthums, eine
Auslieferung der Güterbesitzer zur Schlachtbank oder zur Verbannung gewesen ist, so
dürfen wir dreist behaupten, daß der Versuch mit einer persönlichen Repräsenta-

*) Moniteur vom 26sten Dec.

tion gemacht worden und gänzlich fehlgeschlagen ist. *)

*) Die Jakobiner prahlen mit der amerikanischen Regierungsform — aber ein wenig zu früh, als daß sie ihre Behauptungen darauf stützen könnten. Alle stark bevölkerte Länder müssen auch eine große Anzahl von dürftigen Armen haben. Amerika hat in seinem Gebiete große, fruchtbare, aber unangebauete Gegenden, also noch keine dürftige Armen. Es ist in dieser Rücksicht der Schwierigkeit einer jeden Regierungsform bis jetzt überhoben. Allein die Zeit wird schon kommen, da es nicht länger von ihrem Drucke frei bleiben wird — wenn es da erst eine stärkre Bevölkerung, und mit ihr zahlreiche Armen gibt, die durch Preßfreiheit entweder aufgeklärt, oder in ihren Grundsätzen vergiftet worden sind. Dann wird es sich erst zeigen, ob die jetzige Regierungsform dort wirklich so vollkommen ist, als man behauptet. „Es ist zuverlässig," sagt der Dr. Wilson, „daß in unsrer Regierung die höchste, absolute, souveraine Gewalt in den Händen des Volks bleibt. Das Volk herrscht über unsere Konstitution, über unsere Gesetzgebung. Und im Verhältniß ist die Herr-

schaft des Volks über jene unweit größer, als die Herrschaft der Konstitution über die Gesetzgebung. Denn das Volk hat die Konstitution völlig in Händen, es bestimmt ihre Rechte und ihre Machthandlungen." *Commentaries on the American Constitution.* Ein so einsichtsvoller Schriftsteller muß hierin wohl Recht haben. Ist aber die Thatsache wahr, so wird unausbleiblich, Gesetzlosigkeit und Verwirrung nebst der Vernichtung des Eigenthums in ihrem Gefolge, über das Land kommen, wenn erst Dürftigkeit unter der Volksmasse einreißt. Ist diese würklich souverain, so wird sie zu ihrer Erleichterung die Gesetze übertreten, und wie kann dies geschehn ohne einen Angriff auf das Eigenthum, dem man zum Vorwande bald die Namen unnöthig, überflüssig, aristokratisch, geben wird!

Anzunehmen, daß das Volk sowohl Gesetze gibt, als ausführt, und dabei hungern solle, das ist ein Possenspiel, und nur der Theorie würdig, womit wir uns bisher belustigt haben, und die uns klärlich von der Wichtigkeit eines Mannes, wie Washington, überzeugt, der ganz fremdartige Dinge so geschickt in einen Mittelpunkt zu vereinigen weiß.

Einen zweiten Grundpfeiler des französischen Systems machen die Rechte des Menschen aus. Diese sind in dem großen begebenheitsvollen Experimente eben so schimärisch und verderblich befunden worden, als die persönliche Repräsentation. Die Konstitution war auf eine Deklaration dieser Rechte gebauet; aber gleichsam, als ob jeder Paragraph des Gesetzbuches nur geschrieben wäre, um übertreten zu werden, so ist auch das Ganze bei der Ausübung in Stücke zerrissen, oder unter die Füße getreten, mit einer Geringschätzung, wovon man in andern Ländern keine Beispiele hat; so daß man besser thäte, nach Konstantinopel, als nach Paris, zu gehen, um diese Rechte befolgt zu finden. Der Kommentator dieser Menschenrechte fordert die Welt auf, ihm zu antworten, ihn zu belehren. — Die französische Revolution ist ja eine runde und vollständige Antwort! Es ist ja keine Seite in seinem Buche, welche sie nicht widerlegt, keine Stelle, die sie nicht — von der verdammlichsten Seite darstellt. Und der Verfaſſer hat nun täglich den Verdruß, zu ſehn, daß ſeine Herren Kollegen im geſetzgebenden Banditenkorps ihn täglich übertreffen, indem ſie auf kürzern Wege zu Menſchenrechten verhelfen, — vermittelſt der Dolche, die ſie in das edelſte Blut Frankreichs tauchen.

Wenn dieſer Mordbrennerfürſt *) bei der Ueberſicht ſeiner Entwürfe triumphirend nach jedem ausruft: „Wäre dies nicht eine gute Sache? Fürwahr, dies würde eine gute Sache ſeyn!" ſo kann man nur die franzöſiſche Deklaration der Menſchenrechte zur Hand nehmen, und ſchwerlich wird man da auf einen Artikel ſtoßen, woran nicht eben der Schriftſteller und hundert andere, die Frage knüpfen könnten: „Iſt das nicht ſchön? Kann man das läugnen?" — Und doch, als man nun die Strahlen des Lichts in einem Brennpunkte vereinigte, es dem Volke als ein unveräußerliches Menſchenrecht übergab, da wurde das Recht des Widerſtands gegen Unterdrückung die Unterdrückungsgewalt ſelbſt; das Recht auf Freiheit ward die

*) Paine in ſeiner Schrift: die Rechte des Menſchen.

Urſache, welche alle Gefängniſſe mit Perſo‍nen anfüllte, die auf bloßen Verdacht einge‍zogen waren; das Recht der Sicherheit wurde Pikenrecht; das Geſetz fürs Eigenthum wurde Signal zum Plündern; das Geſetz für Leben wurde ein Recht, Köpfe abzuſchneiden. Sind alles dieſes gute Sachen?

Wenn Erklärungen über **Recht** und über **Regierungen**, darauf gegründet, an ſich würklich gut ſind, ſo müſſen ihre Früchte auch gut ſeyn! Aber dies waren die vortrefflichen Sachen, die in der Ausübung aus den guten Sachen der franzöſiſchen Theorie folgen. Paine ſagt: „Die Deklaration der Rechte iſt „von größerm Werthe für die Welt, als alle „Geſetze und Verordnungen, die bis jetzt ge‍„macht ſind. Sie widerſpricht gerade zu „aller Korruption. Die beſtochnen Haufen „werden dadurch in die größeſte Bewegung „geſetzt: und die Widerſetzlichkeit ſolcher Leute „iſt es gerade, wodurch die Revolution geehrt „wird. Je mehr darauf gehämmert wird, „deſto mehr Funken werden herausſprützen, „und es iſt nichts mehr zu beſorgen, als daß „nur nicht genug darauf gehämmert werden "möge." Ich führe diesen Unsinn an, um meine Leser an das Selbstvertrauen zu erinnern, mit welchem dieser Marktschreyer gerade das Gegentheil von Hrn. Burke prophezeyet hat, von dem er sagt, daß seine Ideen übereinander stürzen, weil es ihm an einem Polarstern der Wahrheit fehle. Man muß über den Polarstern der Wahrheit lachen, der Paine über den gränzen- und grundlosen Ocean der französischen Revolution geführt hat: er entdeckt jetzt sehr zum Nachtheile seines Ruhms, seines scharfen Blickes; daß der Polarstern ein Irrwisch war, der seinen Kahn auf Felsen und Sandbänke führte. Er sagt, Burke baue auf Sand. Die Geschichte hat bewiesen, welcher von ihnen beiden auf Sand gründete.

Ein solches Recht nach Britannien überzutragen, das ist eine Raserei, welche Handwerker und Arbeiter zu Stockport *) sich haben zu Schulden kommen lassen. Sie beklagten es, daß die heilsame Politik so sehr vernachlässigt werde, und traten zusammen,

*) Manchester Herald vom 1sten Sept.

um sie zu verbreiten. Alle Menschen sind nach ihrer Meinung gleich geboren. Die Souverainität der Nation gehört als ein angestammtes Recht dem Volke, welches ein Recht hat, Alles zu besitzen, was Arbeit hervorbringt.

Es ist aber ein bemerkenswerther Umstand in diesen Resolutionen, daß darin zwar die unbeschränkte Preßfreiheit für ein unverletzbares Recht erkläret wird, daß aber mit keinem Buchstaben des Rechts auf Eigenthum gedacht wird, ausser dem Eigenthum, welches die Handwerker und Arbeiter an allem haben sollen, was Arbeit hervorbringt. Solche Verbesserungsentwürfe führen geradewegs zu der Sicherheit des Eigenthums, welche die Revolution in Frankreich hervorbrachte. Nun mögen jene Arbeiter und Handwerker immerhin ihren Abscheu gegen Aufruhr bezeugen; sie sollten doch billig, wenn sie sich so tief in die Politik hineinstudirt haben, wissen, daß ihre Bemühungen und ihr Gutachten schnurstraks auf den Ruin, auf die gänzliche Vernichtung aller Regierungen, alles Friedens, aller Sicherheit, sowohl des Lebens, als des Eigenthums, hinauslaufen.

Eben dieses gilt auch von den Vorschlägen einer ähnlichen Gesellschaft zu Derby *). Gemäßigte und redliche Untersuchungen sind hier ebenfalls die Losung; aber doch fordert man andere Gesellschaften auf, um mit Einmüthigkeit und Festigkeit dahin zu arbeiten, daß das Volk zu klug werden möge, um sich ferner hintergehen zu lassen und daß sein Einfluß aufs Regierungsgeschäft mit seiner Würde und Wichtigkeit im Verhältniß komme.

Kann wohl irgend Jemand, der die Erzählung jener Schrecknisse hörte, welche der säuische Volkshefen **) in Frankreich, der aufgeklärteste unter allen Pöbeln, welcher die Politik gründlich studirt, und ähnliche Gesellschaften, wie die eben genannten, sehr häufig besucht hat — welche ein solcher Pöbel beging; kann irgend ein Eigenthümer, der mit solchen Greueln bekannt ist, ohne tiefen Unwillen, Vorschläge von der Art lesen? Gemäßigte

*) Manschester Herald vom 18ten Aug.
**) Ausdruck von Burke. A. d. U.

und ehrliche Untersuchungen — heißt es. Wie? Gemäßigt waren auch die Untersuchungen der Jakobiner zu Anfange; mit ihrer Ehrlichkeit ists etwas anders. Aber wir wollen uns durch solche süße Worte nicht hinters Licht führen lassen. Diese Männer fordern, was sie nicht ohne eine Gewalt zum Angriff auf unser Eigenthum und Leben erhalten können. Sie verbrüdern und verbinden sich, um ihren Endzweck zu erreichen und es ist die erste Pflicht des Parlaments, nachdrücklich und ernstlich solche Empörungs- und Plünderungskomplots zu unterdrücken. Schritte, die nicht so gefährlich waren, stürzten Frankreich ins Elend. Gemäßigte Vorschläge waren die Theorie, **Plünderung, Raub, Mordthaten**, die Praxis.

Gebt uns unsere Rechte! ward immer mit besonderm Nachdruck ausgerufen, und die Antwort darauf bestand denn blos in einem kalten Räsonnement über die Natur dieser Rechte.

Jetzt haben wir aber einen sichern Führer für unser Urtheil. Jetzt können wir mit bestimmter Hinweisung auf die Thatsachen, wo-

von die ganze Unterſuchung über Menſchenrechte abhängt, erwiedern: „Ihr habt eure
Rechte! Ihr ſeyd im Beſitze eines jeden
Rechts, das ſich mit dem Leben und Eigenthum andrer verträgt. Euch mehr zu geben,
würde ihnen und euch nicht frommen. Euch
viel mehr geben, hieſſe unfehlbar, ſie zu
Grunde richten, und über kurz oder lang auch
euch ſelbſt. Ihr habt alſo **alle** eure Rechte;
denn ihr habt alles, was mit eurer Glückſe-
ligkeit beſtehen kann, und diejenigen, welche
Bündniſſe errichten, um mehr zu bekommen,
ſuchen durch Grundſätze, die ſie doch als Wege
zur Verwirrung kennen, ſich mit Gewalt zuzueignen, was nicht ihres Rechts iſt — wollen es mit Verbrechen erkaufen, wie es die
erkauften, denen das erſte Reich in der Welt
ſeinen Umſturz verdankt. Man hört in Frankreich häufig die Behauptung, der Untergang
der auf Menſchenrechten gebaueten Verfaſſung
falle bloß dem verrätheriſchen Hofe, nicht den
Rechten ſelbſt zur Laſt. Das iſt elende So-
phiſterey! Solche Männer bedenken nicht,
daß die Treuloſigkeit eines Hofes einen Theil
von der Verfaſſung ausmacht, welche einen

Hof verlangt. Können Höfe treulos seyn, so muß man annehmen, daß sie es seyn werden, und habt ihr nicht dafür gesorgt, ihrer Unredlichkeit zum Besten des Volks, Einhalt zu thun, so sagt lieber grade heraus, daß eure Konstitution ein Hirngespinnst ist! Müßt ihr sie nun vernichten, so — schlug der Versuch fehl! Der zweite Versuch, den man jetzt in Frankreich ausführt, gelingt eben so wenig. Man hat nicht die geringste Sorge dafür getragen, den Stellvertretern des Volks auch Gehorsam des Volks zu sichern. Auch erhellt aus den eignen Zeugnissen der Jakobiner, daß allenthalben die größte Gesetzlosigkeit herrscht. Bey dem ersten Experiment hatte man sich nicht gegen die Unredlichkeit des Hofes in Sicherheit gesetzt; und beim zweiten gibt es keine gegen die Gewaltthätigkeit des Volks. Man arbeitete sich aus einem Unglücke heraus und — fällt in das andre, und zappelt dann so lange darin, bis man unter dem Drucke unüberwindlicher Widerwärtigkeiten zur Linderung Marat's wunderthätige Arzney ergreift: 150000 Köpfe abzuschlagen.

In diesem Räsonnement habe ich die Behauptung der Jakobiner zugegeben, daß der Hof verrätherisch zu Werke gegangen ist. Es ist dies aber eine unverschämte Lüge, denn ein Gefangener, dem man seine Rechte raubte, kann kein Verräther mehr seyn.

Vielleicht wird man sagen: der gegenwärtige Versuch sey noch nicht zu Ende und die Sachen werden gut laufen, wenn nur erst eine bessere exekutive Gewalt eingeführt seyn wird; aber dies kann man gar nicht zugeben. Die ganze Kraft, und der Grund, auf den die Jakobinerlehren in England beruhen, besteht darin, daß sie die gesetzgebende Macht als zu schwach, die ausübende dagegen als zu groß schildern. Mittel für dies Uebel soll seyn, daß das Unterhaus würklich das Volk vertrete. Nun! das ist jetzt in Frankreich der Fall! Und was ist dabei das Uebel? Gerade das, daß das Volk den Männern nicht gehorchen will, die es selbst gewählt hat. Es liebt den Konvent zu wenig, um ihm Vertrauen zu schenken. Dies ist ein unheilbares Uebel. Keine Veränderung der exekutiven Gewalt vermag es zu heben. Es liegt im Herzen der persönlichen Volksvertretung. Der Pöbel weiß nicht, worauf es bei seinen Wahlen ankommen muß. Noch weniger weiß er — zu gehorchen!

Die Gleichheit, als die lezte Stütze des französischen Systems, ist ein zu albernes und thörigtes Ding, als daß sie einer ernsthaften Prüfung werth wäre. Sie ist bloß eines Monsieur Egalité würdig, welcher 300000 Pfund jährlicher Einkünfte verschleudert hat, um unter allen Thoren in Europa die erste Stelle zu bekommen, seine bessern Landsleute aber auf den Gedanken zu bringen, seine Anmaaßung sey im Grunde eine derbe Unverschämtheit: denn da er einmal so tief unter allen stand, so konnte er Niemanden gleich werden. Was soll man von einem Kopfe denken, der das größte Eigenthum eines Particulier in Europa, und selbst den Namen Bourbon, wegwirft, um in einer Versammlung von Schneidern, Schnürbrustmachern, Barbiers und Metzgern, die Debatte zu veranlassen: ob er nicht billig aus einem Lande verbannt werden müsse, das er durch seine Verbrechen schändete?

Gleiches Recht aller Bürger auf billige Gesetze, wurde in der ersten Konstitution erklärt; die neue Gleichheit des Konvents besagt also noch etwas mehr. Daß Alle ein gleiches Recht auf eine gleiche Rechtspflege haben; alle sich unter dem Schutze des Gesetzes gleich seyn sollen; diese Gleichheit wurde von der konstituirenden Versammlung dekretiret, und erhielt damals offenbar die Sanktion eines Reichsgrundgesetzes. Die neue Gleichheitsdeklaration muß daher noch mehr sagen wollen; oder sie sagt euch — gar nichts. Wäre es denn bloß auf Gleichheit der Gesetze angesehen: warum nennt man denn das Jahr 1792. das erste Jahr der Gleichheit? Man kann ja keinen deutlichern Beweis dafür verlangen, als diesen, daß die Gleichheit von 1792. nicht die Gleichheit von 1789. seyn sollte. Die Schriftsteller und Redner, welche noch behaupten, der Ausdruck **Gleichheit** in beiden Jahren bezeichne einerlei Sache, mögen die Ungereimtheit jener verschiednen Bestimmung einer und eben der Sache heben, wenn sies können. Nach der Einsicht des gesunden Menschenverstandes war es bei der leztern Gleichheit aufs Eigenthum angesehen. Daß sie auch der französische Pöbel in dem Sinne nahm, ist uns durch unzählige Beispiele völlig einleuchtend geworden. Es wurden gleich nach der Deklarations-Vorschläge zur Vermögenstheilung gethan, und die Begierde, womit man sie ergriff, setzte es ausser Zweifel, daß man eine solche Maaßregel völlig nach seinem Geschmacke fand. Man brachte sie wirklich mit einer Schnelligkeit in Ausübung, die man bei uns gewöhnlich nicht antrifft. Denn kann es nicht für eine Gleichmachung des Vermögens gelten, wenn die Landleute keine Taxen bezahlen, aber ihre reichern Nachbaren zwingen, das Ihrige bis auf den lezten Heller herzugeben?

Aber solche Gleichheitsgesetze werden allemal von dem Fluche begleitet, daß sie das schätzbarste Kleinod eines Volks, seine **Ruhe**, unaufhörlich stören. Man nehme an, daß eine, durch solche Lehren angesteckte, Nation, auch einmal gut regieret wird, so muß diese gute Regierung unfehlbar Wohlstand und

Ungleichheit hervorbringen, zugleich aber auch neuen Saamen zu bürgerlichen Kriegen und der Verwirrung: denn man würde die Gleichheit wieder herstellen wollen, immer auf Neuerungen sinnen und so würde bei jenem fein gesponnenen Grundsatze nie Friede im Lande wohnen können; die Ruhe wäre verbannt, selbst durch ein gutes Regierungssystem, angenommen, es gäbe ein solches, verbannt; alle Augenblicke müßte man neue Eigenthumsvertheilungen machen und zwar nach dem Eigensinne und der Herzenshärtigkeit derer, die selbst nichts besitzen, aber für Verwirrung, als für ein Mittel zu ihrem Unterhalte, und für die Anarchie, als für ihr angestammtes Recht, Sorge tragen würden.

Dies sind die drei Grundprincipien der französischen Revolution gewesen: Persönliche Repräsentation, die Rechte des Menschen und Gleichheit. Die Frage, welche bei uns über ihren Werth entscheiden muß (nie ward einer Nation eine größre Frage vorgelegt,) ist diese:

Sollen wir dem Beispiele Frankreichs nachahmen, und die Konstitution, welcher wir unfre ganze Glückfeligkeit verdanken, und eben dadurch diese so unschätzbare Glückseligkeit selbst, aufs Spiel setzen?

Es gibt wirklich Männer, welche dies fordern — ja es gibt Gesellschaften, die sich verbrüdern, um es zu erzwingen!

Staatsverbesserung.

Da jene Frage hinlänglich entschieden ist, so kann ich mich bei meinen daraus hergeleiteten Bemerkungen, kurz fassen.

Nicht selten hört man die Forderung thun: **man solle die Konstitution wieder in ihrer ursprünglichen Reinigkeit herstellen.** Ich denke, einige Worte über diese vermeinte Reinigkeit, werden hier nicht am unrechten Orte stehen.

Diejenigen Schriftsteller und Redner, welche diesen Ausdruck häufig gebrauchen, sind augenscheinlich nicht genau mit dem Zustande der Volksrepräsentation in frühern Zeiten bekannt. Unwissende und solche, die nicht gehörig überlegen, werden dadurch verleitet, zu glauben, die Konstitution sey in Verfall gerathen, und in Absicht auf die Freiheit des Volks in einem schlechtern Zustande als ehedem: die Uebel, worüber man sich jetzt beschwert, seyen in den Zeiten, auf welche man anspielt, weder in den Grundsätzen, noch in der Ausübung zu finden gewesen. Aber wer die Geschichte Englands nur einigermaßen kennt, muß wissen, daß dies ein grober Irrthum ist; daß jene Umstände, die am meisten Klagen erregen, ich meine die Ungleichheit in Absicht der Repräsentation im Parlamente und der städtischen Privilegien, bereits vor der Revolution statt fanden; daß sie entstand, noch ehe wir überhaupt eine regelmäßige Verfassung hatten. Ein flüchtiger Blick auf wenige Belege hiezu geworfen, muß uns gar bald überzeugen, daß ein solcher Grundsatz gleicher Volksrepräsentation niemals, auch nur in der Idee, existirt hat, und daß kein Reformator jemals etwas ähnliches in der Ausübung hat aufzeigen können.

Camden, ein Schriftsteller unter der Regierung der Königinn Elisabeth, bemerkte von Dumwich *), es liege verödet und ver-

*) In der Grafschaft Suffolk. Es sendet zwey Mitglieder in das Unterhaus. Die meisten Häuser in diesem Flecken gehören dem Ritter Vanneck und Herrn Barne, von deren Einflusse daher die Wahl der beiden Parlamentsglieder abhängt.   A. d. U.

wüstet. Orford *), sagt er, war ehemals volkreich. Zu Eye **) findet er nichts als Trümmern von einem alten Kloster, und den Schutt einer ehemaligen Citadelle. Von Castle-Rising ***) führt er an: es ist zertrümmert und stirbt gleichsam vor Alter. Gleichwohl bekamen diese Oerter ihre Rechte, Deputirte zum Parlament zu schicken, im lezten Jahre der Regierung Philipps und Mariens, Eye sogar erst im 13ten Regierungsjahre der Elisabeth. Das gibt wenig Anschein für das Vorgeben, daß man nur beträchtlichen Plätzen solche Privilegien habe ertheilen wollen. Camelford in Cornwall ****), nennt er ein kleines Dorf.

*) Gleichfalls in Suffolk, schickt auch 2 Deputirte. Gehört dem Grafen von Hertford.
        A. d. U.

**) Eye auch in Suffolk, wählet 2 Mitglieder, ist dem Marquis Cornwallis zuständig.
        A. d. U.

***) In Norfolk, sendet desgleichen 2 Deputirte, gehört dem Grafen von Orford.
        A. d U.

****) Gehört Hrn. Phillips und sendet 2 Mitglieder.
        A. d. U.

Lestwithiel *), ist nach seiner Bemerkung ein schlecht bewohntes Städtchen. St. Germains **) führt er an, als ein kleines, aus lauter Fischerhütten bestehendes, Dorf. Die Parlamentsfähigkeit dieser Oerter ist nicht älter als Elisabeth.

Ich habe jetzt nicht Zeit, dem ältern Zustande mancher Marktflecken wieder nachzuforschen, und die angeführten Beispiele sind auch hinreichend, zu beweisen, daß nicht nur unter Elisabeths Regierung die englische Verfassung, auf einem eben so mürben Grunde stand, wie gegenwärtig; sondern daß auch das Recht, Deputirte zum Unterhause zu schicken, würklich ganz unbedeutenden Oertern ertheilt wurde. In welcher Periode sollen wir denn jene idealische Vollkommenheit dieses Theils der Konstitution suchen, die man anjetzt darin vermißt?

*) Gleichfalls in Cornwall, dem Grafen von Mount Edgcumbe zuständig, schickt 2 Mitglieder.   A. d. U.

**) Auch in Cornwall, hat 2 Deputirte, gehört dem Lord Eliot.   A. d. U.

Die Geschichtsforscher kommen darin überein, daß der Ursprung des Unterhauses in dem Parlamente zu suchen ist, welches ein Usurpateur im Jahre 1265. unter der Regierung Heinrichs des 3ten berief. Der Graf von Leicester berief Deputirte von Städten nach Gutdünken, also nur von solchen, die ihm ergeben waren, und man weiß nicht einmal mit Zuverlässigkeit, ob die Deputirten vom Lande nicht gar durch die Sheriffs gewählt worden sind. Die rechtmäßigen Könige folgten seinem Beispiele. Sie ertheilten das Recht, Deputirte zu senden, an Städte, nach Gutdünken, und bestimmten oftmals, wer in demselben das Wahlrecht haben sollte. Welcher Vertheidiger der Reform hat sich jemals erdreistet, aus allen den, seit dem verflossenen, Jahrhunderten eine Periode anzugeben, in welcher dasjenige auch nur einen Augenblick existirt habe, was man gleiche oder persönliche Volksvertretung nennt? Es ist eitler aufrührischer Unsinn, von ursprünglicher Reinheit des Systems zu sprechen, welches in den Zeiten der Stürme, oder des Despotismus allmählig gebildet wurde, und bis auf die Revolution, nie den Namen einer, auf Grundgesetze gestützten Freiheit verdiente?

Ich rede bloß von Thatsachen; denn die Principien von jener langen Epoche, sind, was jeder Schriftsteller daraus zu machen, für gut findet. Es kostet ihnen nichts, sie **rein** zu nennen; auch **fromm** und **schön** und — kurz! wie's ihrer Theorie grade genehm ist. Ich frage nicht nach dieser Theorie, sondern nach der Praxis. Dieses ist eine hinreichende Antwort auf die Berichte der Kommitteen unsrer „Freunde des Volks," und Associationen, Mißvergnügen zu erregen, dieser Pflanzschule des Aufruhrs, welche den Einfluß des Grafen von Lonsdale, des Lords Elliot, des Grafen von Mount-Edgecumbe *), und andrer auf Englands Wahlen vernichten mögten, und sich so viele Mühe geben, zu beweisen, daß das

*) Der erste Lord hat sehr großen Einfluß bei den Wahlen der kleinen Flecken in Westmoreland und Cumberland, die beiden andern in den Flecken der Grafschaft Cornwall, welche unter allen Grafschaften die meisten Mitglieder in das Unterhaus sendet.

A. d. U.

Unterhaus von einer, in Vergleichung mit dem ganzen Volke geringen Anzahl Menschen gewählt werde. Wohl! ihr gebt das Faktum bestimmt genug an: aber aus dieser Thatsache, für sich allein, folgt weiter nichts. Wagt ihrs auch, anzugeben, wie es vor einem oder mehrern Jahrhunderten aussah, und zu beweisen, daß das Volk ehemals etwas besaß, was es nun eingebüßt hat? Nein! ihr kennt das Resultat einer solchen Untersuchung, und des= wegen — schweigt ihr! Ihr macht viel Aufs hebens davon, daß in unsrer Konstitution von 2600 Personen, 320 Mitglieder ins Unter= haus geschickt werden. Nun, so hättet ihr auch hinzusetzen können, daß in eben der Kon= stitution der König das ganze Oberhaus be= stellt. Der Sache selbst erwähnt ihr: aber beweiset ihr auch, daß sie würklich ein Uebel ist? Woher sollen wir es abnehmen, ob es ein Uebel oder etwas Wohlthätiges ist? Sol= len wir unsre eigene Erfahrung fragen? Oder sollen wir die Entscheidung von eurer Theorie herholen? Die ganze Frage ist keine hohle Nuß werth. Wir fühlen uns frey in dieser Verfassung, die ihr mit französischer Hülfe verbessern wollt. Wir wissen, daß die englische Praxis gut, daß die französische Theorie hingegen herzlich schlecht ist. Was sollte uns also bewegen, auf neue Grübeleien zu achten; etwas zu verdammen, wodurch sich ganz England glücklich fühlt, und dagegen etwas vorzüglich zu finden, dessen Probe für ganz Frankreich so verderblich ausfiel?

Thatsache ists, daß die gegenwärtige Verfassung von England, nach und nach, mit dem Schwerdte in der Hand den Lehnsherren abgerungen ist, die ihre Rechte von dem Schwerdte des Eroberers herleiteten. Heldenmüthig ward sie ihnen abgezwungen: doch aber beruhet sie auf keinem andern Grunde oder Rechte. Jetzt steht sie da, gesetzmäßig errichtet, mit der Bekräftigung des Alters, wodurch sie gleich allen alten Einrichtungen in den Augen einsichtsvoller Männer ehrwürdig wird. Wer dagegen die Konstitution aus irgend einer verflossenen Periode zurückfordert (und man fordert sie zurück, wenn man von Lauterkeit redet, die ehemals größer gewesen seyn soll, als die gegenwärtige) weil es ein besseres System sey, als dasjenige, dessen wir uns jetzt erfreuen; der ist gehalten, die Periode zu nennen, wo die Freiheit des Unterthanen in der Theorie besser bestimmt und in der Praxis besser geschützt wurde, als jetzt unter uns!

Würklich gabs eine Periode, auf die unsere Staatsklügler mit einem ausserordentlichen Wohlgefallen öfter anspielen, als sie es wagen, sie ausdrücklich zu nennen: Dieses ist die republikanische Zeit in der Mitte des vorigen Jahrhunderts. Da fand sich jene so häufig bewunderte **Lauterkeit**, so wie sie überhaupt den gegenwärtigen Zeitläuften in Frankreich ähnlich war.

Das Parlament, welches 1640. zusammenkam, wird durch eine Geschichtsschreiberinn *) geschildert als: Eine Gesellschaft von Patrioten, deren Anzahl Tugenden und Fähigkeiten größer waren, als sie jemals irgendwo zusammenkamen. Nun! wenn solche Männer sich unerhörte Grausamkeiten zu Schulden kommen ließen, so mußte dies wohl nicht aus ihrem Herzen, sondern bloß aus ihrer Lage herrühren.

*) Mrs. Macaulay.

Zwei Worte, geben einen hinreichenden Aufschluß über ihre Handlungen.

Sie machten eine Bill, worin sie ihre Sitzung auf drei Jahre bestimmt hatten, und saßen — 13 Jahre. Sie zankten mit dem Könige, weil er 200000 Pfund ungesetzmäßigerweise erhoben hatte, und erpreßten in fünf Jahren vierzig, welche nach jetzigem Gelde vollkommen soviel ausmachen, als 100 Millionen Pfund, bloß Kraft ihres Ansehens. Einer aus ihrer eigenen Mitte klagte sie an, daß sie 300000 Pfund unter sich vertheilt hätten. Eine Anklage, die höchst wahrscheinlich Grund hatte, da es ausser Zweifel ist, daß bei den ungeheuren und schweren Auflagen, die eben dies Parlament vom Volke forderte, seine eignen Mitglieder ausgenommen, und sie nur einer vom andern, taxirt wurden. Sie errichteten Provinzialausschüsse, mit der Vollmacht, zu bestrafen, zu sequestriren, zu verhaften, mit körperlicher Strafe zu belegen, dies alles ohne Appellation, ohne Gesetz. Sie hoben die Preßfreiheit auf, und vernichteten das Gericht durch Geschworne in den Fällen, wo sie selbst Ankläger waren. Sie verordneten gewaltsame Werbungen von Soldaten und — nahmen diese das Reißaus, so wurden sie durch ihre Kriegsgerichte bestraft. König und Parlament hatten noch niemals Auflagen auf Brodt, Fleisch und andre unentbehrliche Bedürfnisse gelegt; das Parlament allein that es ohne Bedenken. Wem dies Tyranneiregister gefällt, der thäte weislich, es oft zu wiederholen. — Das Ganze endigt sich, wie man voraussehen konnte, in einem klaren Despotismus; so wie die heutige Kopie davon in Frankreich sich ebenfalls endigen wird.

Es gibt keinen ernsthaftern und bedenklichern Gegenstand von Parlamentsverhandlungen, als die Veränderung irgend einiger Punkte der Verfassung. Niemand wird behaupten, daß es unmöglich sey, eine bessere Verfassung zu erdenken; möglich kann es seyn, daß eine Nation eben die Glückseligkeit um einen wohlfeilern Preis genöße; allein uns eine Veränderung unter dem Namen einer Verbesserung geben wollen, das ist ein gefährliches Wagstück! Das was man eigentlich Volksrepräsentation (gleiche Stellvertretung) nennt, sammt den zweijährigen vorge-

schlagenen Parlamenten, würde wahrlich eine
große Veränderung seyn. Gegenwärtig
hängt in unserm Reiche die Macht vom Ei:
genthum ab; unter solch einer Veränderung
käme sie in die Hände der Volksmenge.

Das lezte ist der Fall in einigen Staaten
von Amerika. Aber Amerika hat keine, oder
doch sehr wenige hülfsbedürftige Arme, we:
gen seiner weitläuftigen Ländereien. Sein
Beispiel ist folglich für uns nicht anwendbar.
Wir sahen es deutlich in Frankreich, was aus
dem Armen wird, wenn ihn seine Gewalt
trunken macht. Eine so totale Veränderung,
als es hervorbringt, wenn man die Regierung
des Landes den Begüterten raubt, um sie der
Volksmenge zu geben, das heißt, nicht die
ursprünglichen Grundsätze rein wieder herstel:
len, sondern ganz neue Principien einführen.
Es ist dies ein Experiment, welches bis jetzt
noch nirgends gemacht wurde, als in Frank:
reich. Wenn man nur zugibt, daß die Eigen:
thümer Macht und Gewicht im Staate ha:
ben müssen, so ist wenig daran gelegen, ob die
Wahlen durch privilegirte Weichbilder gesche:
hen oder auf andre Art. In jedem Falle wer:

den die Begüterten ins Parlament kommen. Und was den Einfluß der Krone anlangt, so sieht man an dem Beispiele von Orford *) und Harwich, daß die Hofparthei eben so leicht ein Marktflecken verliert als gewinnt.

Die Frage ist so wichtig, daß es dabei nicht bloß auf Vernünftelei ankommen darf. Es ist **Thatsache**, daß gegenwärtig das Eigenthum im Unterhause die überwiegende Macht hat. Die vorgeschlagenen Veränderungen zielen alle darauf hin, diese Macht von Eigenthum ab- und der Volksmenge zuzuwenden. Dies ist keine **Wiederherstellung**, sondern gänzliche Neuerung.

Einige Männer wollen sich das Ansehn der Billigkeit und Mäßigung geben. Sie erklären sich für die englische Konstitution, so wie sie aus König, Lords und Gemeinen besteht. Die Gemeinen betrachten sie aber als Stellvertreter des Volks, und behaupten, daß,

---

*) Gehört dem Grafen von Hertford, einem Mitgliede der Opposition. Harwich in Essex ist dem Herrn Robinson, ehemaligem Sekretair der Schatzkammer, zuständig.

A. b. U.

da die Gemeinen doch dafür gehalten werden wollen, Repräsentanten des Volks zu seyn, sie nur eine solche Veränderung in der Regierung wünschen, wodurch das Unterhaus auch würklich dazu gemacht werde, was es vorstellen wolle. — Dies ist das Vernünftigste, was ein Reformator für sich anführen kann: hierin ist doch ein Anschein von Gründen.

Es wird aber leicht seyn, in wenig Worten aus Thatsachen zu beweisen, daß es doch nur ein Anschein ist.

Ich antworte darauf, daß es eine bloße willkührlich angenommene Theorie ist, daß das Haus der Gemeinen aus Repräsentanten des Volks bestehe, wenn man unter Repräsentanten so viel als Erwählte versteht.

Die Mitglieder desselben sind einmal von Wenigen gewählt, und treten für Viele auf *).

*) Anm. Obgleich jedes Parlamentsglied von einem besondern Distrikte gewählt wird, so sitzt es doch, sobald seine Wahl bestätigt ist, und es nun in seine Würde eintritt, für das ganze Reich. Der Zweck, weswegen es zum Parlamente kommt, ist kein besonderer, sondern ein allgemeiner. Es soll nicht

Sie wollen für nichts mehr gelten, als was sie sind, und sie sind nichts mehr, als — Männer, die in einem Rathe sitzen, und da den dritten Zweig der gesetzgebenden Macht ausmachen, erwählt von gewissen Korps, welche vermöge der Verfassung das Recht haben, sie zu wählen.

Man kann eine genaue Erklärung davon geben, ohne das Wort Repräsentation, oder ein anders zu gebrauchen, was zur Idee das von hinführt. Es ist ein unpassender Ausdruck, wenn sie Volksrepräsentanten genannt werden. Billig sollten sie nie anders genannt werden, als das Haus der Gemeinen, zum Unterschiede von dem Hause der Lords. Wären sie **ganz eigentlich** Repräsentanten des **Volks**, so mögten sie vielleicht in der Theorie gut oder gar besser seyn, als jetzt: aber sie wären etwas anders, als sie würklich sind, und folglich von dem verschieden, was uns zu

allein zum Besten seiner Konstituenten, sondern für das allgemeine Wohl sprechen, und den König berathen. Dies erhellet aus dem Ausschreiben, wodurch es zum Parlament berufen wird.

einer großen, freien und glücklichen Nation erhoben hat.

Indessen hat man nicht den geringsten Grund zu glauben, daß sie jemals für Repräsentanten des Volks sind gehalten worden, wenigstens gewiß nicht die Ritter (Knights, welche von den Grafschaften gewählt werden.) Denn die 40 Schilling jährlicher Einkünfte, welche erforderlich sind, um bei diesen Wahlen eine Stimme abzugeben, bedeuteten damals, als es eingeführt ward, so viel, als gegenwärtig 40 Pfund Sterling. Die Begriffe von Repräsentation und Uebertragen der Rechte und Privilegien von den Wahlherren, verwirren durch ihre Verdrehung so viele Köpfe in diesem Stücke, weil es sowohl Schriftsteller, als das Parlament selbst, zuweilen zu gewissen Endzwecken des Augenblicks gut gefunden haben, für etwas anders gehalten werden zu wollen, als was sie in der That sind. Es ist falsch, daß die Wählenden den gewählten Parlamentsgliedern Macht und Privilegien übertragen, wenn man unter Vollmacht die Uebergabe einer Sache versteht, welche derjenige erst selbst besessen hat, der andere damit abschickt; denn die Wahlmänner haben, an und für sich weder Macht noch Privilegien, und können sie also nicht übertragen. Sondern sobald die erwählten Mitglieder in Verbindung mit den übrigen Zweigen der gesetzgebenden Macht treten, so besitzen sie und nehmen Gewalt und Vorrechte an sich, die ihre Absender nie besaßen. Die Akte, wodurch die Parlamentssitzungen auf sieben Jahr gesetzt werden, ist daher eben so rechtmäßig als eine zweijährige.

Man setze auf der andern Seite, daß eine Nation in Zeiten der allgemeinen Verwirrung und Zerrüttung aller gesetzmäßigen Gewalt, durch allgemeine Zusammenstimmung einen Konvent oder ein Parlament unter sich erwählte, um auszumachen, was künftig für den Willen der Nation gehalten werden solle: Hier ist die Idee der Volksrepräsentation in Anwendung gebracht. Solche Abgeordnete müßten gradezu die Stimme des Volks befolgen: aber eine solche Republik (denn das müßte es doch wohl seyn) wäre von der englischen Verfassung eben so verschieden, als Algier. Unser Haus der Gemeinen hat auch nicht die geringste Aehnlichkeit, weder in seiner Entstehung, noch in seiner Fortdauer und in seinen Geschäften, mit einer solchen Versammlung. Man braucht übrigens eine solche Regierung, nicht zu charakterisiren, Frankreich stellt ein Beispiel davon dar.

Würde das Haus der Gemeinen mit solchen Repräsentanten besetzt und die Dauer seiner Sitzungen so abgekürzt, dann würden die Glieder durch Volksleidenschaften, Volksthorheiten und Volksbosheiten geleitet werden. Wohin das führt, sehen wir in Frankreich. Gegenwärtig lassen sie sich nur von ihrer eignen Weisheit leiten! Gegenwärtig, heißt es zwar, werden sie bestochen und erkauft. Sind sie erkauft, um weise zu handeln, so beweiset dies grade gegen euch; und bestätigt den alten Erfahrungssatz, daß es in allen zahlreichen Versammlungen Mängel gibt, die ohne höhere Aufsicht und Einwürkung der öffentlichen Ruhe gefährlich werden. Wir wissen es; unsre gegenwärtige Verfassung beweiset es, daß sie würklich weise handeln; denn nur eine weise Regierung kann Völker glücklich machen. Ist es nothwendig, daß in einer solchen Versammlung zur Beförderung des gemeinen Bestens bestochen werde, wer anders als ein Phantast kann denn die Bestechung wegwünschen?

Die Regierung würde freilich nicht so viel Geld gekostet haben, wenn die bloße Rechtschaffenheit allein das Unterhaus bewogen hätte, so zu handeln, als es durch Bestechung nun bewogen seyn soll, zu handeln. Allein wenn durch eine wohleingerichtete Verfassung, selbst menschliche Laster dazu beitragen müssen, daß wir gut regiert werden, würde es da nicht Raserei seyn, unser System abzuändern und den Franzosen nachzuäffen, die sich lediglich auf die Tugenden verlassen wollen?

Man mag das Haus der Gemeinen, aus welchem Gesichtspunkte man will, ansehen, so wird man finden, daß das Recht der Geldbewilligungen (welches ihm allein ausschließlich zukommt) ihm ein so überwiegendes Gewicht gibt, daß ihm die übrigen Zweige der Gesetzgebenden Macht wohl folgen müssen. Was hindert es nun, diese ganz zu verschlingen? Ist es nicht gut, daß es daran gehindert werde? Ist dieses nicht nothwendig für die Freiheit des Volks? Und wenn es nothwendig ist: wie kann es am besten bewerkstelligt werden? Würde das beste Mittel dazu, wohl in einer populären Wahl von Repräsentanten in einem kurz dauernden Parlamente, einem System, worin alle Bestechung, aller Einfluß unmöglich wäre, bestehn? Es ist klar, was die Erfahrung auf diese Fragen für Antwort giebt, und beweiset die Ungereimtheit solcher Vorschläge. Doch wir wollen einmal annehmen, daß es rathsam sey, einen solchen Versuch zu machen, und daß ihr ein solches Haus der Gemeinen hättet: worauf werdet ihr euch denn verlassen können? Auf seine Billigkeit und Rechtschaffenheit? aber davon habt ihr noch keine Probe. Wenn das, was man von einer Billigkeit im voraus vermuthen, von den Würkungen der Rechtschaffenheit im voraus ergrübeln kann, schon ein eben so sicherer Grund zur Aufführung neuer Systeme ist, als Thatsachen und Erfahrungen; so bin ich gern damit zufrieden, daß es schicklich sey, den würklichen Besitz dessen, was wir gegenwärtig genießen, in Hoffnung und Erwartung eines bessern, aufzugeben. Es braucht nur bewiesen zu werden, daß die Theorie eben so viel gilt, als Praxis. Eine schöne Untersuchung in der That, welche der französischen Philosophie völlig ähnlich und würdig ist.

Die Vertheidiger der Staatsreform behaupten weiter, das Parlament, so wie es gegenwärtig gewählt wird, könne nicht dafür angesehen werden, daß es dem Sinne des Volks gemäß spreche: und das müßte es doch.

Ein trefflicher Grund für diejenigen, die an der Theorie Gefallen finden. Aber ich berufe mich Gegentheils auf Thatsachen, und behaupte, daß wir den Wohlstand und die Glückseligkeit, die wir seit einem Jahrhundert genossen, und niemals in solchem Maaße genossen, als jetzt, lediglich dem Umstande verdanken, daß das Unterhaus **nicht** den Sinn des Volks spricht. Ich stütze mich dabey auf eine Thatsache, die aller Welt bekannt ist: daß unser Wohlstand, zu seiner gegenwärtigen Höhe, unter der Aufsicht eines Hauses, empor gestiegen ist, dessen Glieder keinesweges nach der Kopfzahl, sondern durch Besitzer von Eigenthume gewählt werden. Hat uns nun ein Parlament, das **nicht** die Stimme des Volks führt, zu dem gemacht, was wir sind; und hat der Nationalkonvent mit der Stimme des Volks, Frankreich zu seiner gegenwärtigen Lage herabgestürzt: so habe ich ja eine doppelte Erfahrung zur Bestätigung meiner Behauptung: daß eine Verbesserung, oder vielmehr Abänderung der Konstitution unsers Unterhauses, nach der es eine neue, in unserm Reiche, unversuchte Stimme, erheben soll, ein Werk der Theorie, und bloß der Theoretiker würdig seyn dürfte.

Hat Bestechung und Einfluß unserm Reiche ein hundertjähriges Glück gebracht; konnten dagegen vorgebliche Reinheit und Patriotismus, innerhalb vier Jahren, einen großen Staat so durchaus zerrütten, als sie unsere Nachbaren zu Grunde gerichtet haben: so wünsche ich von Herzen, durch die Laster von England und nicht durch Frankreichs Tugenden regiert zu werden. Die Gebrechen unsrer Regierung haben Wohlstand, Zufriedenheit und Glückseligkeit hervorgebracht: Französische Tugenden, wie sie durch eine gleiche Stellvertretung, zweyjährige Wahlen, die unbestochene Stimmenmehrheit, wirken, haben dagegen Blutströme, Zerrüttung und Elend in ihrem Gefolge. Dieser Kontrast ist hinreichend, die Sache zu entscheiden.

Es ist indessen der Mühe werth, noch ein Wort darüber zu sagen, ob denn durch eine persönliche Stellvertretung der wahre Wille des Volks zum Gesetze erhoben wird. Das Verfahren der so gewählten Versammlungen in Frankreich, legt die Abgeschmacktheit dieses Gedankens recht an den Tag. Nach Jakobi‑ nischen Grundsätzen besteht ihr höchstes Ver‑ dienst darin, daß sie den souveränen Willen des Volks, das heißt, die Stimme der Mehr‑ heit, vortragen. Aber ihre Regierungsform ist so abscheulich, daß auch nicht ein einziger großer und ausgezeichnet wichtiger Gegenstand zum Vortrage gekommen ist, wo nicht die Mi‑ norität und zwar gemeiniglich eine sehr kleine Minorität, vermittelst des Schreckens ihren Willen durchgesetzt hätte. Die konstituirende Nationalversammlung handelte vom Anfange an, ihren Vollmachten, den Instruktionen, die ihr von ihren Konstituenten ertheilt wa‑ ren, offenbar entgegen; aus Furcht vor den Rasereien des Pöbels, der vor ihren Thü‑ ren, auf der Gallerie, selbst auf dem Prä‑

fidentenſitze wüthete. Sie that dieſes nemlich in den weſentlichen Punkten der Verfaſſung, als z. B. der Erhaltung der Monarchie und ſo weiter. In manchen geringen Nebenpunkten befolgte dieſe Nationalverſammlung die Vorſchrift ihrer Wahlherrn. Alles Gute, was dieſe Verſammlung gethan hat, bedeutet aber ſehr wenig, und es iſt klar genug, warum dies ſo wenig Folgen hatte: ſie erſchuf zu gleicher Zeit eine Verfaſſung, die nicht beſtehen konnte, und übergab alſo das Gute, was ſie that, dem Winde. Alles was in Frankreich ehrwürdig war, hat in der erſten Verſammlung geſeſſen: die zweite beſtand aus einem gemeinen Haufen: die dritte aus den Hefen des Pöbels. Die zweite vernichtete mit einem Schlage alles, was die erſte gethan hatte. Es wird ſich zeigen, ob die dritte es nicht eben ſo machen wird, wie es die zweite gethan hat. Der Beſchluß iſt bisher ein Stück aus dem Codex der Anarchie geweſen.

Die Nationalverſammlung hat immer unter dem Kommando der Piken geſtanden. Das beweiſet ſchon das merkwürdige Dekret, welches ewiger Schande geweihet iſt, als 280

Stimmen, vermittelst Drohungen, Blutvergießen, und Metzeleien, die Mehrheit der Stimmenden vertrieben, oder zum Schweigen brachten, den König entthronten und die Konstitution vernichteten, mit der ganz Frankreich, zu leben und zu sterben geschworen hatte.

Der nachherige Konvent hat eben das Schauspiel gegeben. Auch ihm ist unaufhörlich vom Pöbel auf der Gallerie Gewalt angethan, auch seine Mitglieder haben, die Piken an der Kehle, gestimmt, und standen immer in der stündlichen Erwartung, daß das Gesindel einmal in Ungnaden geruhen mögte, sie auseinander zu jagen; sie ermordeten ihren Fürsten durch eine Mehrheit von fünf Stimmen, ungeachtet ihr Gesetz wenigstens eine Majorität von drey Viertheilen forderte, um jemanden für schuldig zu erklären oder zum Tode zu verurtheilen; und diese Mehrheit erhielt man noch dazu durch die Bedrohungen mit den Würgengeln, die Egalité besoldete. Das ist das volleste Maaß politischer Schändlichkeit! Mord des besten Fürsten, der je auf dem französischen Throne saß: des einzigen Monarchen, den dies Land jemals besessen, der ein wahrer

Freund der Freiheit war, und aufrichtig wünschte, sein Volk glücklich zu machen.

Eine große und warnende Lehre für alle Fürsten der Welt; die sie aber nicht zur Milde bewegen kann, sie nicht lehrt, Beschwerden anzuhören, den Freunden von Neuerungen ihr Ohr zu leihen: die ihnen Schutz für Künste, Wissenschaften und Philosophie; Aufmunterung zur Beförderung der Aufklärung, zur Belehrung des Unwissenden ans Herz legen; oder den Wunsch, ihre Gewalt in Ueberredung, ihre Machtsprüche in die sanfte Stimme der Menschlichkeit und des Gefühls verwandeln zu können, einflößen wird. Nein, jene unerhörte Abscheulichkeit heischt andre Entschlüsse, und muß sie bestimmen, den wahren Glücke der Menschheit zum Besten, dem Ungeheuer einen kürzern Zügel in den Rachen zu legen, der schändlichsten und abscheulichsten Mißgestalt menschlicher Bösartigkeit, dem metaphysischen, philosophischen, atheistischen, jakobinischen Republikaner, vor welchem man ewig zurückschaudern muß, weil er allen Souverains der Erde öffentlich kund that, daß der einzige Fürst, welcher freiwillig seiner eigenen

Gewalt Gränzen setzte, dafür auf dem Schaffott starb; und sein Volk zu Grunde richtete, indem er sich selbst stürzte. Er lieh denen sein Ohr, die ihm über Mißbräuche Vorstellung thaten, er wünschte seinem Volke Erleichtrung zu verschaffen; er strebte nach der Liebe des Volks, begünstigte die Preßfreiheit, und trug sogar Bedenken, ihre Ausschweifungen einzuschränken; er liebte die Künste, um einen David, den bekannten Mahler, jetzigen Deputirten zum Konvente, hervorzuziehen, und nährte im Schooße der beschützten Wissenschaften einen Condorcet *); er wollte das Blut der Verräther, der Verschwornen und Aufrührer **)

*) Das heißt, den würdigen, verdienstvollen Mann, auf dessen Briefwechsel einer unsrer Pairs, Lord Stanhope, nach seinem öffentlichen Geständniß stolz war Wer ihn genau zu kennen wünscht, der lese seinen Charakter im Journal physique des la Methrie, und in den Denkwürdigkeiten der Ermordung des Herzogs de la Rochefoucauld.

**) Und diese Sanftmuth brachte bei Gelegenheit seines Andenkens die widrig gefühllose

nicht vergießen; er hörte diejenigen, welche um eine **Reform** baten. Auch unter uns sind Personen, die eine Reform wünschen; und wenn die Legislatur unsres Vaterlandes sich nicht durch dies große Beispiel warnen ließe, und auf die Lehrsätze hörte, durch welche Frankreich mit Blut überströmt worden ist, so werden auch wir Auftritte sehen, die über alle Vorstellung scheuslich sind. Zeigt uns nicht jenes neueste Trauerspiel, daß seine

Bemerkung hervor, die ich irgendwo las; ich glaube es war Produkt einer Winkelpresse: daß die körperliche Marter, welche er bei seiner Hinrichtung erduldete, geringer gewesen sey, als die langsamen Quaalen des la Fayette. Erklärte denn etwa auch der unschuldige Ludwig so wie dieser, den Aufstand, wodurch sie beide fielen, wohl für die heiligste Pflicht? Hat derjenige, welcher so sprach, Kinder, die an den Knieen ihres Vaters hängen, indem er selbst zur Hinrichtung abgeführt wird? Je mehr wir von dem Jakobinismus lesen, desto liebenswürdiger wird er uns.

Ungerechtigkeit zu grausenvoll für eine republikanische Reform ist?

Diese verruchte Begebenheit mit Zügen der Hölle geschrieben, hat einen Jeden in stumpfes Entsetzen versetzt. Wenn die Fürsten und Gesetzgeber der Welt davon zurückkommen, so werden sie wahrscheinlich die Bemerkung des Machiavell nicht vergessen: daß niemand mehr zu beklagen ist, als diejenigen, welche durch allzuweiches Mitleiden nachgeben, daß Unordnungen entstehn, welche zu Mord und Raub führen.

Für Männer, die niemals entfernte Ursachen wahrnehmen, ist es schon genug, wenn nur eine unmittelbare Veranlassung vor ihnen schwebt. Sie schreiben diesen Schandfleck in den Jahrbüchern der Menschheit, auf die Rechnung der Fleischer im Konvent; eben so war Kromwells Ehrgeiz die nächste Veranlassung zu Karls des ersten Tode: aber sie sind doch nicht die ersten Veranlassungen gewesen, vielmehr waren sie natürliche Folgen vorhergehender Begebenheiten.

Nicht Robertspierre und Egalité haben Ludwig ermordet, sondern Necker mit seiner Verdoppelung der Deputirten des Tiers Etat: **Perſönliche Stellvertretung** allein iſt Schuld an dem gräßlichen Verbrechen, vor welchem bereits ſo viele andere hergingen (und worauf noch viele folgen werden); und ſollten jemals ähnliche Greuelsthaten den Charakter unſrer Nation noch einmal ſchänden, ſo würde dies Unglück nicht den Buben, die einen anarchiſchen Konvent bilden werden, ſondern unſern Reformatoren, unſern Jakobinern, die der Verbeſſerung unſrer Repräſentation das Wort reden, zugeſchrieben werden können. Denn dieſe ſind es, welche hier das zu thun ſuchen, wodurch Frankreich in ſeinem beſten Blute erſäuft wird. So iſt die perſönliche Repräſentation beſchaffen; das iſt ſouverainer **Wille des Pöbels**; das iſt **Majeſtät des Volks**; das iſt **Freiheit auf Gleichheit und Menſchenrechte** gebauet! Die Repräſentation vernichtet ſich ſelbſt, und gebiert unfehlbar eine **Oligarchie von Anführern des Pöbels**: bis endlich die ſchwächſte Stimme für den wahren Willen der Nation erklärt wird, 280 Stimmen in der Geſetzgebung für den Willen von 745, erklärt werden, und 11000 Stimmen in Paris für 150000 das Wort führen! So sehr ihr auch unsere schlechten Marktflecken herabwürdigt, so sind sie doch noch nicht so schlecht, als diese Einrichtungen.

Woraus besteht der gegenwärtige Konvent von Frankreich? — Aus den niedrigsten, ärmsten, verworfensten, verächtlichsten Köpfen des Volks; aus einem Abschaum der Gefängnisse, der Galeeren und Transportschiffe; aus Räubern und Gurgelschneidern, ohne Charakter, ohne Vermögen, die nur unter irgend einem System der Anarchie etwas hoffen können; aus Leuten, die in Absicht des Standes zwar nicht ganz, aber in Absicht ihres öffentlichen Anschns unter Schlächtern und Schneidern stehn. — Wer sind Condorcet, Paine, Brissot, Rabaud!!! Sie beweisen, daß einige Bildung, Einsicht und Talente dazu gehören, um Menschen zu dem tiefsten und niedrigsten Zustande der Verwerfung und Strafbarkeit herabsinken zu lassen? Wer kann daran zweifeln, daß es auch unter uns Menschen von einem solchen Charakter gibt? Einige sind recht emsig be-

mühet gewesen, ihre Namen in die Tagebü-
cher jenes Konvents einschreiben zu lassen.
Leert unsre Gefängnisse aus; haltet die
Schiffe, die nach Botanybay seegeln sollen,
an, und so hat es keinen Zweifel, daß wir
unter dem Beistande unsrer reformirenden
Gesellschaften auch einen brittischen Konvent
errichten können, der in Absicht des Verdiens-
stes mit der Versammlung zu Paris wettei-
fert? Man würde Leute in genugsamer Anzahl und von hinreichender Armuth finden,
die einen Sitz im englischen Nationalkonvent,
mit der unbegränztesten Gewalt, zu rauben
und zu morden, als die höchste Staffel der
menschlichen Glückseligkeit ansehen würden. —
**Können solche Menschen Freunde des
gegenwärtigen Krieges seyn?** — Gewiß
nicht. Er benimmt ihnen ihre Aussicht, er
vernichtet ihre Hoffnungen. Eben so stark,
als sie angereizt werden, den Krieg zu ver-
wünschen, fühlen sich alle Redlichen im Lande,
alle Freunde des Gesetzes und der Ordnung
verpflichtet, die Weisheit der Regierung zu
segnen, welche die Gefahr abwandte, die uns
bedrohete, das würksame Mittel des Krie-

ges ergriff, um unsre Häuser, unser Eigenthum, unsre Güter, Gesetze und Leben zu sichern. Solch eine Ursache zum Kriege, solche Beweggründe dazu, haben noch niemals in Britannien existirt. Wollt ihr auch eine Municipalität nach französischer Weise auf eurem Stadthause, eine Pike in eure Brust haben, und das was einige Leute Frieden nennen?

Wenn ihr das nicht wollt, so muß Krieg geführt werden, um die französischen Meuchelmörder von uns abzuhalten, und die englischen Jakobiner nach englischen Gesetzen vor Gericht zu bringen.

Es ist Zeit, von dieser Abschweifung zurückzukommen.

Alles, was Paine über den Unterschied unter Staatsverfassung und Regierung sagt, (Konstitution und Gouvernement) ist, dafern es nicht auf eine neuerrichtete Verbindung unter unabhängigen Staaten, gleich den amerikanischen, angeordnet, sondern mit der neuen Staatsverfassung von Frankreich verwechselt wird, baarer Unsinn. Dieses ist durch das Verfahren der Nationalversammlung in helles Licht gesetzt worden. Denn diese Versammlung, welche doch nur die Regierung besorgen sollte, (nach seiner Vorstellung) hat die Verfassung über den Haufen geworfen, und vom Volke (das ist von der Anarchie) begehrt, daß es eine neue machen möge.

Ganz offenbar hatte jetzt hier eine Versammlung, die nach Grundsätzen der Gleichheit gewählt war, das Volk zu repräsentiren, welche in einer Kammer saß, und in der Hauptstadt zusammengekommen war, die Macht, eine bereits völlig entworfene, von ganz Frankreich beschworne Konstitution, umzuwerfen. Hieraus ergibt sich deutlich, daß die, darauf folgende abermals neue Verfassung, sie mag beschaffen seyn, wie sie will, von der regierenden Versammlung des Tages, welche in Paris residirt, ebenfalls wird vernichtet werden können.

Noch ein Grund, den ich vielfältig gehört habe, ist dieser: Man müsse den Wünschen der gemäßigt denkenden Männer etwas nachgeben, um sie von der republikanischen Parthei abzuziehen. Es wird behauptet, daß der Eigensinn der gesetzgebenden Macht, welche nichts bewilligen will, diese Gemäßigten dazu bringt, sich mit andern zu verbinden, die nicht so billig in ihren Entwürfen sind, als sie, und daß hingegen alle diejenigen, welche gegenwärtig aus guten Gründen unzufrieden sind, von der Parthei, die eine gänzliche Revolution bewirken mögte, abgezogen werden würden, und diese heftige Parthei dadurch unbedeutend werden würde, wenn die gesetzgebende Macht selbst eine gemäßigte und billige Reform anfinge.

Auf diesen gewöhnlichen Einwurf will ich nicht antworten, daß man alle Neuerungen auf immer zurückweisen müsse; aber ich mögte diesen gemäßigten Männern gern einige Umstände in Erinnerung bringen, die erwogen zu werden verdienen.

Die Klubs, Associationen und Gesellschaften, die sich in der Absicht vereinigen, um nach gewissen Planen, vieler, theils bescheidenen, theils ungestümen Schriftsteller, eine Verbesserung zu erzwingen, haben der Welt die Grundsätze, worauf sie die Freiheit der Nation gebauet zu sehen wünschen, und die mannigfaltigen Abänderungen vor Augen gelegt, die sie gern in der alten Konstitution machen mögten.

Diese sind nun, überhaupt genommen, sehr weit aussehend. So lange die Köpfe durch das Beispiel Frankreichs erhitzt sind, so lange man die unmäßigsten Lobsprüche über die Revolution ausströmen läßt; so lange jene Forderungen von der Art sind, daß sie uns einen gänzlichen Umsturz unserer Regierung drohen, so lange eben die Rechte des Menschen, welche Frankreich mit Blut überschwemmet haben, nach unverholnen Geständnissen, die Grundlage auch der Verbesserungen seyn sollen, die man hier wünscht, muß man es für eine vollkommen zutreffende Antwort an die Gemäßigten, gelten lassen; daß es aber nicht der Weg zu seyn scheint, das Geschrei zu stillen, wenn man da **etwas** einräumt, wo **viel** gefordert wird.

Wenn durch tausend Bekanntmachungen und Beschlüsse erkläret wird, daß die persönliche Repräsentation ein Universalmittel gegen alle unsre Uebel (wiewol unter hundert verschiedenen Namen) ist; und wenn man sie gar selbst unter Trotz und Drohworten fordert, so

muß es einem jeden bedächtigen Manne einleuchten, daß geringe Bewilligungen, welche
geschehen, um die Gemäßigten zufrieden zu stellen, in dem Augenblicke der Gährung verloren und verachtet werden würden. Denn man
würde sie als freies Nachgeben ansehen, welches der Furcht abgedrungen, und nicht aus
Ueberzeugung geschlossen wäre.

Sie würden nur zum Grunde neuer Forderungen dienen, und das Geschrei würde, anstatt dadurch gedämpft zu werden, vielmehr mit
erneuerter Gewalt ausbrechen.

Nein! man widerstehe gleich anfangs allen Forderungen, die auf dem Grundsatze der
persönlichen Vertretung beruhen, oder darauf
hinauslaufen, sie einzuführen, mit Festigkeit
und mit dem entschlossenen Willen, niemals
den ersten Schritt zu thun, der zur Zerrüttung
und Verwirrung, zum Blutvergießen und, mit
einem Worte alles zu sagen, zum Jakobinismus führt: denn dies einzige Wort faßt in der
That alles in sich, was die abscheulichste politische Verderbniß Gräßliches mit sich führen
kann.

Dieser Widerstand ist billig als die einzige deutlich gezogene Grenzlinie zwischen gemäßigten Meinungen und zwischen der Neuerungswuth anzusehn.

„Wenn das Recht, sich eine Konstitution zu machen, auch dem Volke zugesichert ist," so spricht Paine, „so darf man nicht befürchten, daß es dasselbe zu seinem eigenen Schaden anwenden wird."

„Die Nation kann kein Interesse dabey haben, sich selbst Unrecht zu thun." Aber hier, so wie auf jeder Seite seines Werks, beantwortet die Erfahrung von Frankreich seine Theorie des Aufruhrs.

In diesem Lande ist der Nation ein solches Recht festgesetzt, und was war der Erfolg? In der Anwendung ward daraus nur ein Recht, sich selbst den Hals abzuschneiden. Sie wendete dieses Recht nicht bloß zu ihrem Schaden an, sondern zu ihrem gänzlichen Untergange. Daß ein Volk nicht geneigt seyn kann, sich selbst zu nahe zu thun, ist eine unnütze Wahrheit; denn es hat diesem Volke gefallen, seinem eignen Interesse zuwider, niemals den rechten Weg zu ergreifen.

Was haben die Behauptungen, die ein solcher Schriftsteller ohne Ende anhäuft, für Gewicht, wenn sie auf die Probe der französischen Erfahrung gebracht werden? Die Grundlage unsrer Konstitution ist die Vertretung des Eigenthums. Mag sie in der Theorie unvollkommen seyn, in der Anwendung selbst ist sie wohlthätig würksam. Vermittelst ihrer scheinbaren Mängel, unter denen vielleicht wahre Vollkommenheiten verborgen sind, vertritt sie die große Masse des Eigenthums, sowohl des Lands als Geld- und Waaren-Eigenthums.

Daß es aber mit ihren vorgeblichen Mängeln nicht viel auf sich haben müsse, erhellt aus dem Wohlstande, aus der Glückseligkeit und Sicherheit aller untern Volksklassen. Dieses beweiset, daß alle diejenigen Klassen, welche von der eigentlichen Stellvertretung in der gesetzgebenden Versammlung am weitesten entfernt scheinen, dennoch (virtualiter) durch andre gut vertreten werden.

Aber wenn diese lezte Art der Vertretung gleich gut ist, wäre denn nicht vielleicht eine ganz eigentliche noch besser?

Die Erfahrung antwortet Nein! Der Versuch ist in Frankreich gemacht, und gänzlich mislungen. Bei persönlicher Vertretung ist kein wohlregiertes, sondern ein selbst regierendes Volk, das heißt, Gesetzlosigkeit und höchstes Elend. Wenn das Parlament nach dem unmittelbaren Antriebe des Volks handelt — und bei persönlicher Repräsentation kann es nicht anders handeln — so ist auch die Weisheit der Versammlung der Thorheit des Pöbels untergeordnet. Erfahrung bekräftigt diesen Satz aufs lebhafteste und nachdrücklichste. Jetzt sind wir im Besitze der glänzendsten, unbezweifeltsten Glückseligkeit, wie sie nur jemals ein Volk genießen konnte. Wäre es nicht Raserei, dieses schöne Erbgut, diese reiche Besitzung, für die undurchdachten Entwürfe, die aus den neuen Theorien hergeleitet sind, aufs Spiel zu setzen? Und das auf eitle Versprechungen des Besserwerdens, für chimärische Wohlthaten, für ergrübelte Reformen? Das fordern gleichwohl die Schutzpatronen der Rechte des Menschen von uns!

Keine Ruthe von seinem Felde würde der verständige Landmann auf einen so unbewährten

Vorschlag anders bauen, als bisher, und jene Staatsverbeßrer schreien aus eben so nichtigen Gründen nach Abänderungen in einer Regierungsform, die unserm großen Reiche bisher milde Segnungen angedeihen ließ.

Laßt uns auch nicht vergessen, daß jene Männer der französischen Revolution von ihrem ersten Anfange an, hold waren, und ihr noch bis auf diesen Augenblick treu und hold geblieben sind. Unter der konstituirenden Versammlung billigten und verbreiteten sie die hochpreisenden Lobreden auf die Vernichtung der Stände. Unter der zweiten Versammlung jauchzten sie über die Abschaffung der königlichen Würde; und unter dem Konvent waren alle Schrecknisse, die wir gesehen haben, noch nicht vermögend, ihren Beifall umzustimmen. Beweiset nun ein solches Betragen nicht hinlänglich, daß diese Politiker nur unserer Einsicht spotten, wenn sie uns vorsagen, sie meinten und wünschten nur eine gemäßigte und billige Reform? Dafern sie würklich etwas Geringers als den würklichen Umsturz unsrer Regierung wünschten; würden sie dennoch fortfahren, unter dem Panier der Jakobiner zu werben, zu reden, zu ſchreiben? Würden ſie dann wohl die Vernichtung der alten Regierung in Frankreich als die erhabenſte Begebenheit in der Geſchichte erheben? Würden ſie über die lezterer franzöſiſchen Vorfälle jauchzen, die doch durch Verbannungen und Blutbäder entſtanden ſind? Ihr wünſcht bloß eine mäſſige Reform? — Ich will euch aber ſagen, was ihr wünſcht. Die Geſellſchaft beweiſet es, zu welcher ihr euch haltet. Seyd ihr Mitglieder von Aſſociationen, ſo wünſcht ihr auch das, was dieſe Aſſociationen beabſichten. Fordert ihr eine perſönliche Repräſentation, ſo fordert ihr auch das, was dieſe über Frankreich gebracht hat. Fordert ihr Volksverſammlungen, worin Volksunſinn den Ton angiebt, ſo fordert ihr auch die Würkungen, die eine ſolche Verſammlung bei unſern Nachbaren gehabt hat! Ihr wolltet nur bis zu einem gewiſſen Ziele fortgehn, aber ihr habt euch zu denen geſellt, und ſprecht denen euren Muth ein, wovon ihr wißt, daß ſie die Sache viel weiter zu treiben geſonnen ſind. Haben wir nun nicht Recht, nach dieſem Benehmen geradezu von euren Handlun-

K

gen zu urtheilen, daß ihr mehr im Sinne habet, als ihr aus Staatsklugheit zu gestehen gedenkt?

Es ist der Mühe werth, auf das Betragen gewisser Männer zu achten, die sich **Moderate** oder **Gemäßigte** nennen; von einer reformirenden Gesellschaft zur andern übertreten, und sich, sobald sie zu **weit gehen**, wieder davon losmachen. Es gibt solcher, die sich gegenwärtig zu der Gesellschaft **der Freunde des Volks** halten, und sich aus der Liste der Konstitutionsgesellschaft wegstreichen ließen, weil sie die Entwürfe derselben zu keck fanden. Das ist nun grade die Revolution im Kleinen. Diejenigen, welche zuerst dazu anreizten, wünschten vielleicht nur eine gemäßigte Reform der Misbräuche, und trennen sich von ihren Bundesgenossen, sobald diese weiter gehen wollen.

Aber solche Bundesgenossen bedürfen des Mitwürkens der Gemäßigten nicht mehr, durch deren Unterstützung sie anfangs Gewicht erhalten haben, und von denen die Uebelgesinnten nicht mehr unterdrückt werden

können. So verstummte die Konstitutionsgesellschaft zum Beispiel gar nicht, obgleich
derjenige Theil, welcher achtungswerth war,
austrat. Sie rief vielmehr vor den Schranken des französischen Nationalkonvents Heil
und Segen dem künftigen englischen Konvent zu. Eben so wird es jenen Männern
mit der Gesellschaft der Freunde des Volks
gehen. Wenn sie nur erst die Unheil brü-
tenden Köpfe zu einer angesehenen Gesellschaft erhoben haben, so werden sie selbst aus-
gestoßen, dafern sie sich weigern, so weit mit-
zugehn, als die andern wollen. Sie werden
alsdann selbst gewahr werden, daß aus ihren
gemäßigten Vorschlägen nichts anders entspringt, als die Beförderung und würksame
Ausführung der unbändigen Plane derer, die
sich unter unserer Konstitution einen Dagonstempel denken, und behaupten, es sey Pflicht,
ihn in Staub zu zersprengen, damit aus
seinem Schutte die „himmlische Gestalt,“
„die entzückende Erscheinung“ eines französischen Konvents hervorgehen möge. Und was
folgt nun hieraus? — Daß die ersten Züge
des Mißvergnügens, in der That auch die

gefährlichsten sind: daß eine mäßige Reform, oder überhaupt jede Reform, die von allgemeinen Principien ausgeht, ein sichrer, fester Schritt zu dem ist, was aus der Reform in Frankreich entsprang: zum Jakobinismus, zur Staatszerrüttung, zum Blutvergießen!

Wenn also in so gefährlichen Zeiten jeder Versuch, unsere Verfassung zu verändern, mit so augenscheinlicher Gefahr verbunden ist, wie aus dem Experimente, welches Frankreich gemacht hat, erhellet, so ergibt sichs, daß es das Interesse jedes Theils unserer Nation ist, aufs ernstlichste gegen solche verderbliche Anschläge Widerstand zu leisten, deren Ausführung in unsrer Nachbarschaft, ein großes Reich gänzlich unter seinen Ruinen begraben hat. –

Das **Landeigenthum** ist dabei ganz unmittelbar und vorzüglich interessirt, denn der giftige Grundsatz der Gleichheit und die französische Anwendung desselben, zielen geradezu auf die Vernichtung desselben ab. Das Schicksal der Gutsbesitzer in Frankreich ist zu bekannt, als daß ich es noch einmal erzählen dürfte. Ihre Ländereien sind weggenommen, ihre Häuser geplündert und verbrannt, ihre Frauen und Töchter entehrt, und sie selbst entweder ermordet, oder aus dem Lande gejagt: Und dies alles betraf eine beinahe unglaublich große Anzahl von ihnen. Ich habe genaue Beschreibungen gesehn, aus welchen erhellt, daß mehr als die Hälfte der liegenden Gründe von Frankreich so in fremde Hände gekommen ist.

Die geringern Landwirthe können darüber gewiß kein Freudengeschrei mehr anheben, denn sie haben ihre Zehntfreiheit durch die Angriffe auf die Größe und Konsistenz der Höfe und deren Zertheilung, theuer bezahlen müssen. Das baare Geld, was sie unter der alten Regierung für ihre Früchte löseten, ist unter der neuen in Papier verwandelt, welches auf den halben Preis herabgesunken ist, und, so elend auch ein solcher Ersatz schon an sich ist, so erhalten sie es doch nicht einmal auf sichern Märkten. Ihrer hier erlittenen Behandlungen habe ich schon ausführlich erwähnt. Bei Anlegung der Auflagen sind sie überstimmt und betrogen. Auf den Märkten wurden sie vom Pöbel geplündert; zu Hause von den Soldaten.

Könnten solche Thatsachen unsern Bauerschaften und Landeigenthümern wohl den Wunsch eingeben, auch einmal eine Verbesserung der Konstitution zu versuchen? Können sie uns Hochachtung gegen diejenigen Klubs und Gesellschaften einflößen, die darauf ausgehen, die Konstitution zu reformiren, unter derem Schutze unsre Lage gradezu zum Gegenbilde von Frankreich geworden ist? Geben uns solche Thatsachen Gründe, die Männer lieb zu gewinnen, welche eure Pflugschare so gern in Piken, eure Grabscheite in Dolche umschmieden mögten? Welche euch so gern bereden mögten, eure Sicheln mit den Säbeln einer Gesellschaft von angeblich patriotisch gesinnten Lieferanten zu vertauschen? Sehr geschickt haben sich diese feinen Herrn schon bewiesen, die französischen Kornfelder abzumähen. Ich wünsche, daß ihr in eurer Haushaltung eure Verbesserungsversuche anstellen mögt; aber sie müssen nicht von der Art seyn, als diese. Laßt nicht andre Leute, und vorzüglich keine Reformatoren, an eurem Eigenthume, an eurem

Brodte, an eurem Blute Versuche machen. Viele Versuche sind in Frankreich an diesen dreien Gegenständen gewagt, und, wie wir gesehen haben, ist ihr Erfolg nicht so beschaffen, daß er uns reizen könnte, unsre Hände an dasselbe Werk zu legen, denn kurz, das Eigenthum der Franzosen ist dahin: statt des Brodts essen sie Baumrinde und ihr Blut ist von dem ersten Augenblicke an, da Frankreich auf die Vorschläge der Staatsverbesserung hörte, auch der einzige Dünger für dies Land gewesen. Ist das für uns ein einladendes oder abschreckendes Beispiel?

Kaufleute und Manufakturisten können am leichtesten ihre Waaren noch in Geld verwandeln, und damit durch Wechsel auf diesen papiernen Flügeln ins Ausland fliehen, wo Eigenthum sicher ist. Aber der Landmann ist an seinen Acker gefesselt. Sein Eigenthum steckt in dem Boden, den er pflügt: er kann nicht von der Stelle weichen; er muß alle, auch noch so unbarmherzige, Stöße des Unglücks aushalten. Ihm müssen also die neugebacknen Gleichheitslehren in ihrer ganzen Gehässigkeit erscheinen; denn es sind Lehren, die ihn durch aus zu Grunde richten wollen und derem verpestenden Hauche er nicht einmal wie andere, entfliehen kann.

Der **Geldreichthum** hat in den Augenblicken gewaltsamer Veränderungen das durch etwas voraus, daß er sich leichter fortschaffen läßt. Aber das warnende Beispiel von Frankreich mag uns doch auch hier lehren, daß den Räubereien, die aus den Rechten des Menschen herfließen, nichts entgehen kann. Die Nationalschuld steigt dort schon über 300 Millionen Pfund Sterling, und ist dort keinesweges mit der Schonung behandelt, die man gegen die Staatsschuld von England beweiset. Alle Arten von Bankrotts, einen ausdrücklichen ausgenommen, sind erfolgt. Die Zinsen auf Kapitale und Schuldverschreibungen, werden in Assignaten bezahlt. Verkauft jemand Staatsobligationen, so bekömmt er ebenfalls Assignate. Die sind freilich fort zu schaffen, aber was gelten sie auf den Börsen zu London und Amsterdam? *)

*) Die erstaunliche, und noch täglich fortgesetzte Fabrikation von Assignaten die der Konvent beliebt, muß endlich Folgen ha-

Von neunzig Millionen Pfund Sterling, ben, welche diejenigen, welche die Vermehrung verordnen, wie es scheint, selbst nicht recht deutlich einsehen. Nach ihrer Willfährigkeit, diese Papiere ins Publikum zu bringen, sollte man glauben, daß sie sich einbilden, als ob das Ding immer so fort gehen könne. Darin werden sie sich zuverläßig betrogen finden. Die Menge der zirkulirenden Assignate ist gar nicht bekannt. Dies erhellt allein schon aus der Anzahl von falschen Assignatenschmieden, die sie jetzt in ihren Gefängnissen festhalten. Die größte Papierfluth kömmt aber nicht voh Männern her, über welche sie zu gebieten haben. Die Prinzen, der Herzog von Braunschweig, und alle Feinde von Frankreich, haben überall, wohin sie gekommen sind, eine ungeheure Menge davon in Umlauf gesetzt. Was aber noch ärger ist, ihre eignen Vortheile in Flandern und am Rhein helfen sie verbreiten. Alle eroberte Städte wurden damit reichlich versehn, und so sehr sie auch herabgesetzt waren, so gewährten sie den Soldaten doch einen guten Raub, die sich kaum die Mühe zu geben brauchten, sie durch Plünderung an sich zu bringen. Eine so übermäßige Einführung

die ehemals im Umlaufe waren, sind achtzehn veranlaßt wahrscheinlich die hartnäckige Weigerung der Landleute, sie anzunehmen. „In den belgischen Provinzen" sagt der Moniteur am 14ten Dec. „wollen die Landsleute keine Assignate annehmen; dieser Mißkredit kömmt daher, weil die Emigrirten eine große Menge falscher Assignaten gemacht haben." Sie haben ihre eignen Konventionellen Betrügereien ausserdem noch dabei: denn es ist ein sonderbarer Umstand, daß die neuen Assignaten ohne Zahlen in Umlauf gekommen sind, und es könnte wohl seyn, daß ihrer also eben so viele Milliarden vorhanden wären, als man Millionen angibt. Dies hat man sogar im Konvent, und bisher ohne Widerspruch, behauptet. Nicht minder merkwürdig ist es, daß schon seit einigen Monaten weder im Moniteur, noch in der Nationalzeitung der Preis eines Louisd'or nach Assignaten, wie es sonst immer regelmäßig geschah, angegeben wurde. Am 3ten März gab Chabot nach dem Moniteur die Nationalschuld auf 8,034,898,980 Livres; die Zinsen auf 367,844,949; an. Die rückständigen Abgaben sind nach dem Claviere 647,827,896 Livres.

bis zwanzig verschwunden. Die Kapitalisten haben Kapital und Zinsen verloren, und bald darauf auch ihren Kredit. Ohne Fonds, ohne Kredit, ohne Zinsen, die ausgeleerten Kasten nur mit Assignaten angefüllt, muß das Geldwesen in Frankreich trefflich blühend seyn! Ist wohl in meiner Schilderung auch nur das Geringste, was uns bei unsern Finanzen nach ähnlichen Revolutionen lüstern machen sollte? Man verbinde mit diesen Umständen nun noch den schrecklichen Abfall der Einkünfte des jetztlaufenden Jahrs, die Summen, die man mit äusserster Anstrengung für ausländisches Getraide herbeischaffen muß, um einer Hungersnoth vorzubeugen; den ungeheuren Aufwand für den jetzigen Feldzug; die immermehr einreißende Weigerung des Volks, Abgaben zu bezahlen; die allgemeine Neige der Manufakturen und Handlung; man denke sich dies hinzu und es muß einem Jeden einleuchten, daß das prahlerische Dekret, worin die Franzosen den Konstitutionen aller ihrer Nachbaren den Krieg erklären, ein Verzweiflungs-Wagstück war. Sollte aber die Hoffnung auf Empörungen in andern Ländern fehlschlagen, sollte dieses Sicherheitsmittel fehlen, welches Paine versprach: „Wenn Rebellionen Frankreich dereinst umgeben, so wird es selbst im Schooße des Friedens und Wohlstands ruhen," — dann wird es auf allen Seiten, seinen innern Ruin wahrnehmen, einen Ruin, der zu weit um sich greift, als daß man ihn noch aufhalten könnte. Der Zustand des Volks wird gerade um so viel hülfloser seyn, als der glückliche Erfolg zuerst ausgebrütet war. Denn die Assignaten gelten an den Gränzen des Reichs nicht halb so viel, als im Innern desselben. Dies ist die einzige Quelle seiner Ohnmacht, und — es gibt durchaus kein Mittel, sie zu verstopfen. Die Landleute werden inskünftige nicht mehr Land bestellen, als sie zum nothdürftigen Auskommen ihrer Familien gebrauchen, wenn man sie bloß mit einer Papiermünze bezahlt, die von Tage zu Tage mehr herabgesetzt wird. Dann folgt jährliche Theurung und Hungersnoth; — mit einem Worte, der Saame des Untergangs ist allenthalben so dicht gesäet, daß man ihn beim flüchtigsten Anblicke wieder erkennen muß. Fühlt die Nation endlich zu spät, daß unter vollkommner Gleichheit nichts anders verstanden werden kann, als gleiches Elend; und daß die Rechte des Menschen bloß das Recht hervorbringen, zu verhungern; so wird sie aufstehen, und ihren rechtmäßigen Souverain wiederfordern, als den sichersten Weg, ihren Wohlstand am schnellsten und besten wieder herzustellen.

Paine hält viel auf Vergleichungen, das thun zwar die meisten Männer von Genie. Aber ihm glücken sie selten. „Der größte „Theil des Volks in Amerika," sagt er, „und „besonders der ärmere, ist eher im Stande, „Taxen zu entrichten, als die meisten Einwoh= „ner Frankreichs und Englands." Alsdann kömmt er auf die „Unbarmherzigkeit" der Ci= villiste von einer Million Pfund Sterling, die er mit den 300000 Dollars der Civilliste von Amerika vergleicht. Man muß unter einer Menge von talentvollen Schriftstellern lange suchen, ehe man einen findet, der, wie dieser General=Marktschreier, so viele Lügen und Verdrehungen, in so wenigen Zeilen, zu= sammendrängen kann.

Das Vermögen, Steuern zu bezahlen, hängt bei einem Volke nicht von seinem Wohlstande ab, das heißt, nicht davon, ob es wenige oder keine nothdürftige Arme hat. Diese Behauptung wird niemand befremden, der die geringste Einsicht hat. Auf die Menge, Mannigfaltigkeit und Geschwindigkeit des Geldumsatzes kommt es beim Steuervermögen an, oder, mit andern Worten, auf den **concentrirten Geldumlauf**. Wohlstand, reichliches Auskommen, Reichthum an Naturprodukten, kommen dabei nicht in Betracht. Gebt einem Manne tausend Morgen Landes, die ihm Ochsen, Hammel, Schweine, Weitzen, Wolle, Hanf, Flachs und dergleichen mehr, im Ueberflusse eintragen. Laßt ihn davon mit seiner Familie das herrlichste, nur ersinnliche Wohlleben führen; so setzt ihn dies doch noch nicht in den Stand, einen Schilling Steuer zu bezahlen. Selbst die Abgaben von liegenden Gründen, wie die Landtaxen, müssen in **kurrenter Münze** entrichtet werden: das Land bezahlt nicht mit Lande, sondern mit **Gelde**. **Wohlstand** setzt also ein Volk noch nicht in den Stand, zu steuern, sondern Reichthum an **Gelde**, der damit nicht zusammenhängt. Produkte, die sich auf tausend Pfund am Werthe belaufen, und einen Wohlstand, oder, wie sich Paine ausdrückt, das „physische Vermögen" ausmachen: wie viel davon ist wohl von der Art, daß eine Steuer davon erhoben werden könnte? Gewiß nicht ein Groschen mehr, als die Summe, welche für Konsumtion fremder Weine, des Kaffee und Gewürzes beträgt. Ich bediente mich eben des Ausdrucks concentrirter Geldumlauf. Amerika würde bald fühlen, was das heißt, wenn es schwerer Abgaben bedürfte. Man lasse den Ansiedler im Walde zweihundert (englische) Meilen von einer Stadt, seinen Hanf, und seine Wolle an einen Ankäufer für baares Geld verkaufen. Da ist einiger Geldumsatz, wovon der Staat Taxen erheben könnte. Allein solche Taxen zu heben, das würde in einem unbewohnten Lande kostbarer werden, als die Abgabe selbst. Wir wissen, wie es mit den Brandteweinbrennereien in den schottischen Hochländern zugeht. Die Amerikaner haben auch hierauf eine Taxe, aber sie können sie bloß in bevölkerten Gegenden erheben. Ja, es gibt Distrikte in Amerika, wo die Landtaxe nicht die Kosten der Hebung bezahlt!! Es würde mir leicht seyn, diese Bemerkungen fortzusetzen, und einen Beweis daraus zu führen, daß von Paine's Angabe grade das Gegentheil wahr ist, daß das Volk in England oder Frankreich (vor der Revolution, denn nachher cirkulirte nichts als Blut und Räubereien) unweit eher im Stande ist, Taxen zu bezahlen, als das Volk von Amerika — aus dem natürlichen Grunde, weil es in jenen Ländern einen ungleich stärkern Geldumlauf hat, als in lezterm.

Wenn ich den unbegränzten Reichthum unsers Vaterlandes; seine ungeheure Konsumtion; seinen reissend schnellen Umsatz von 40 Millionen Pfund Sterling in Gold und Silber; die noch ungleich höher steigenden Summen, die in Papieren cirkuliren; seine Aus- und Einfuhr, die zu Gelde gerechnet, sicher über 50 Millionen Pfund Sterling hinausgehen würde; die Leichtigkeit, womit man hier Waaren von einem Orte zum andern bringen, zu Gelde machen, transportiren kann, die große Leichtigkeit des Tausches und aller Art zu leben, welches alles aus der Größe unsrer Städte entspringt, wenn ich alles dieses und den Umfang unsrer Zirkulation betrachte, so halte ich es noch für einen mäßigen Anschlag, daß im Falle eines, eine unerwartet große Anstrengung erheischenden, Angriffs auf den Staat, Großbritannien leichter 5 Pfund von jedem Kopfe erheben könnte, als Amerika 5 Schilling. Denn spricht man im Allgemeinen von einer Nation, so muß man bei den Auflagen nicht sowohl auf das Quantum sehen, was bezahlt wird, als auf das Quantum, was der Zahler noch übrig behält. Man setze, das Volk bezahle in einem Lande 20 Schilling für den Kopf, eine andre Nation dagegen 40 Schillinge (so hoch belaufen sich die Abgaben ungefähr in England und Frankreich.) Was beweist dies? Gerade nichts! Aber was behalten sie beide nun in der Tasche? Darauf kommts an, und hier nun würde man in der Tasche des Engländers Beutel voller Guineen und Schillinge *), in der Tasche

―――

*) Die Summe unsrer Taxen ist kein so großes Uebel für uns, als ihre Ungleichheit. Der geringere Landeigenthümer muß von einem

L

des Franzosen aber die Maladie de la poche — Mondschein, finden. Vielleicht sind die glücklichsten, beneidenswerthesten Leute in Amerika — die gemächlichen Freeholdes im Innern des Landes, gerade unter allen Europäern und Amerikanern am wenigsten im Stande, Steuern aufzubringen.

Was beweise ich nun hieraus? Dieses, daß die englische Civilliste mit 898468 Pfund Sterling Ertrag, nach welcher jeder Kopf 1 Schilling 7½ Pence bezahlen muß, in Vergleichung mit der Civilliste von Amerika, mit 300000 Dollars (66000 Pfund) oder 5¼ Pence für den Kopf, ganz und gar nicht unverhältnißmäßig ist. Eigentlich aber läßt sich gar keine passende Vergleichung zwischen einem neuen Reiche, das sich nicht selbst bildete, und zwischen einem alten, das dieses für jenes aufgewandt hat, und nun die Unkosten bezahlen muß, welche darauf gegangen sind, jenen Staat zu bilden, anstellen. Wenn erst die amerikanische Rechnung mit den Kosten des sieben-

geringfügigen Landeigenthume ungeheuer viele Abgaben bezahlen. Sie machen seine Taschen so leicht, als die der Franzosen.

jährigen Krieges, oder mit 100 Millionen Pfund, belastet werden wird, so wollen wir die Taxen wieder vergleichen.

Das kaufmännische Vermögen von Frankreich ist ganz und gar vernichtet worden. Seine Kolonien, die bei weitem die ergiebigste Quelle für seinen Handel waren, sind durchaus zu Grunde gerichtet. Gleichheit und Menschenrechte waren dem amerikanischen Zucker und dem französischen Weitzen gleich zuträglich. Die Assignaten lähmten alle Einfuhr an den Gränzen des Reichs, und die Ausfuhr wurde nach der Verwüstung von St. Domingo äusserst unbedeutend. Die schreckhaften Auftritte in den großen Städten trieben entweder die Kaufleute und Direkteurs der Manufakturen, mit dem Rest ihres Vermögens, in fremde Länder, oder sie stürzten sie daheim ins tiefste Elend.

Gleichwohl hat man uns mit einer gewissen Zuversicht einreden wollen, daß die französischen Fabriken, jetzt noch nicht so tief herabgekommen wären, als man es hier und da behauptete. Ich kann indessen auf meine neueren Nachrichten von jenem Reiche bauen, und wage es dreist, zu versichern; könnte es auch nöthigenfalls mit manchen Vorstellungen belegen, die von Manufaktur-Städten an die Regierung ergangen sind: daß alle Fabriken, die in ausländischen Produkten arbeiten, welche zum Beispiel zu Lyon alles beschäftigen, was arbeiten kann, nebst einem großen Theile der Wollenfabriken, schlechterdings zu Grunde gerichtet sind. Die Inhaber und Direkteurs sind bankrott, oder auf der Flucht; die Arbeiter betteln an den Straßen, leben von Almosen, oder ziehen als Landstreicher und Banditen umher. Das sind eben die Räuber, die das Land unsicher machen, und den armen Bauern das Brodt abtrotzen, was sie selbst zu erndten ausser Stande waren.

Solch ein Loos brachte die neue Lehre der Gleichheit über Lyon, die zweite Stadt in Frankreich, und über viele andere, ehemals so blühende Oerter.

Die regierenden Partheien in solchen Städten, können dem Volke nichts geben, als süße Worte über dies Gleichheitsrecht. Indessen darbt es langsam bei seiner Gleichheit, bis seine Schaar, durch die Beitritte andrer, die sich in einer eben so trostlosen Lage befinden, stark genug ist, die heilige **Empörungspflicht** auszuüben. Sodann macht es sich auf, schlägt seine Obrigkeit auf den Kopf, und läßt sich selbst an ihrer Statt wählen. Leider hilft dies aber nur unter Tausenden einem. Der große Haufe bleibt arm wie vorher; und muß es bleiben, weil solche wilde Auftritte den Manufakturen nicht wieder aufhelfen.

Zerschmettert noch so viele Hirnschalen, und ihr bringt dadurch keinen einzigen Weberstuhl in Gang: Wühlt mit euren Piken immerhin in den Eingeweiden eures Maire und eurer Rathsherrn, dies wird doch keine italiänische Seide nach Lyon befördern, und keine spanische Wolle nach Louviers.

In den Manufaktur-Städten, wo man inländische Produkte verarbeitet, ist die Noth nicht völlig so groß, weil da noch einiger Absatz statt findet, der die Werkstätte im Ganzen erhält. Indessen wollen wir ihren Verkehr etwas genauer untersuchen. Ich weiß es aus Nachrichten, was auch schon der gesunde Menschenverstand sehr begreiflich macht, daß die einzige Triebfeder, welche die Manufakturisten dort in Thätigkeit erhält, in dem Wunsche liegt **sich von ihren Assignaten los zu machen.** Sie hatten sie für ihre Waaren gelöset, als sie noch ziemlich im Preise stanu den. Nun häuften sie sich allmählig an; wurs den dadurch je älter je schlechter, und erfüllten ihre Inhaber mit banger Besorgniß. Lieber wollten diese jetzt alles thun, als eine so nichs tige Münze ferner aufsparen. Sie befürchtes ten den unvermeidlichen Augenblick, wo sie allen Werth verlieren würde; sie scheueten sich, etwas unter ihr Schloß zu nehmen, was ein Hauch wegblasen kann. Sie sahen sie als einen Gegenstand des Schreckens an. Sie setzten daher ihre Arbeiter in Thätigkeit, um sie nur los zu werden, und eilten mit der Zahs lung um desto mehr, da das, worin sie ges schah, nur einen eingebildeten, höchst unsis chern Werth für sie hatte.

In Swifts Schrift, Drapier's Letters, befindet sich eine Stelle, die auf den gegens wärtigen Zustand der Franzosen bei dem gänzlis chen Verschwinden des Goldes und Silbers paßt: ich darf nur die **Woods Pence** beim

Swift, in Assignaten verändern. — Was mich betrifft, so habe ich schon meinen Entschluß gefaßt; ich habe einen hübschen Laden von wollnen und seidnen Zeugen, und anstatt Assignate zu nehmen, will ich mit meinen Nachbaren, Fleischer, Bäcker und Brauer und andern, Waare um Waare, einen christlichen Tausch treffen. Das bischen Gold und Silber, was ich habe, **will ich wie mein Blut sparen**, bis es ans Hungern geht; alsdann will ich Assignate kaufen.

Wendet nun eure Blicke von Frankreich weg, und seht dagegen auf den Zustand des Handels und Gewerbs in England! Betrachtet das ungeheure — doch die Sprache bleibt hier immer hinter der Größe des Gegenstandes zurück — das riesenmäßige Gebäude, welches auf dem Kunstfleiße errichtet ist.

Rechnet alles zusammen! Die Menge der Staatsobligationen, das zirkulirende Papier aller Art; die Menge des gemünzten und ungemünzten Goldes und Silbers, die Manufakturanlagen, die uns gleichsam neue blühende Städte hergezaubert haben; die Kapitale, welche auf Heerstraßen, Kanäle und auf dere öffentliche Werke verwendet worden sind, die Schifffahrt, Magazine und tausendfältigen Handelsvortheile, die über dem ganzen Erdenrund für uns ausgebreitet liegen! — Wie würde dies erstaunenswürdige Ganze, das hier unter der innigen Zärtlichkeit unsrer väterlichen Regierung zur Reife gedieh: wie würde es die Ungewitter ertragen können, welche die Rechte des Menschen über Frankreich zum Ausbruche kommen ließen? Schrecklich würde es dadurch zertrümmert werden!

Ich brauche diese Saite nur zu berühren und jeder Leser wird die ganze Greuelscene ausmalen, womit der Pinsel des Menschenrechts ein so schönes Gemählde beflecken müßte.

Wie ist denn unsre unerhört große Nationalbaarschaft, die weit über 500 Millionen Pfund Sterling hinausgeht, erwachsen? **Durch die Sicherheit, welche die brittische Konstitution dem Eigenthum angedeihen läßt.** Nicht durch Gleichheit, nicht durch persönliche Vertretung, nicht durch Menschenrechte, Jakobinismus und schändliche Hirngespinste, wodurch aus lasterhaften Armen, die lieber reiche Schelme werden mögten, offenbare Räuber entstehn. So hießen die Wege nicht, auf denen Britannien der glücklichste handelnde Staat wurde. Nun weiter: Das Interesse der arbeitenden Klasse: das persönliche Interesse der Armen, die von ihrer Hände Arbeit leben, ist in Frankreich auf eine Art angegriffen, die um soviel auffallender ist, da die nemliche Sache einen der Haupt = Anklagepunkte gegen die alte Regierung ausmachte. Diejenigen, welche sich der Beschwerden erinnern, die darüber geführt sind, daß die Landleute in die Miliz eingeschrieben und dadurch zum Kriegesdienste verpflichtet wurden, werden vermuthlich in den Zeitungen der jetzigen Tage viel von den **Freiwilligen** gelesen haben, die aus allen Provinzen Frankreichs zu den Gränzarmeen herbeiströmen sollen.

Noch vor wenigen Tagen stand ich selbst in dem irrigen und thörigten Wahne, dies wären Freiwillige im **eigentlichen Verstande**, aber ein englischer Landmann, den ich nach einer Meierei in Frankreich geschickt hatte, gab mir bei seiner Zurückkunft einen

Aufschluß über diese Kriegesdienste der Freiwilligen. Nach seiner Erzählung wurden alle dienstfähige Mannspersonen in jedem Kirchspiele aufgeschrieben und zogen alsdann das Loos, um zu bestimmen, wer in der beorderten Anzahl mit zur Armee abgehen sollte. Mein Gewährsmann mußte sogar auch sein Loos ziehen, ungeachtet er Engländer war. Auf diese Weise sendet man **Freiwillige** ab, und wir lassen uns so gröblich durch einen Ausdruck täuschen, der hinter dem Scheine der Freiheit die schwerste Tyrannei verhüllt, die nur ein Volk drücken kann; eine Tyrannei gerade von der Art, wie sie weiland unter der alten Regierung die lautesten Klagen veranlaßte. Wenn wir nun einmal wieder von der **brennenden Begierde** lesen sollten, womit alle **Bürger** nach den Gränzen **fliegen**, von dem l'empressement avec lequel tous les citoyens volent aux frontieres, so werden wir wissen, was diese Redensart bedeuten soll.

Könnten nicht solche Bedaurenswerthe mit Paine fragen: „Was soll dem Landmann hinterm Pfluge bewegen, seine friedlichen Arbeiten an die Seite zu legen, und gegen den fremden Landmann zu Felde zu ziehen?" *)

Beim erſten Anblicke könnte es ſcheinen, als ob eine Revolution in England zu Gunſten der Gleichheitsgrundſätze, für die armen arbeitenden Klaſſen im Staate noch am vortheilhafteſten ſeyn werde. Aber bei genauer Unterſuchung findet ſich aus der franzöſiſchen Erfahrung, daß kein Stand im ganzen Reiche iſt, die Beſitzer großer Güter allein ausgenommen, für den ſie ſo durchaus unglücklich ausfallen mußte, als der Bauernſtand.

Wir ſind vollkommen berechtigt, in die Rechtſchaffenheit, richtigen ſittlichen Gefühle und guten Abſichten des größten Theils unſrer niedern und ärmern Stände, Vertrauen zu ſetzen. Wir ſind aus Gründen überzeugt, daß ſie ſich, im Falle einer allgemeinen Zerrüttung, wie ſie Frankreich zu Grunde gerichtet hat, ſchlechterdings nicht zu Kopfabſchneidern, Bluthunden und Meuchelmördern hergeben würden. Das gemeine Volk in Frankreich war freilich auch gutmüthig, aber es wurde von

*) S. ſeine Schrift über die Rechte des Menſchen. A. d. U.

schlauen Bösewichtern, wie eine Heerde Schaafe, vorangetrieben. Diese rotteten sich bewaffnet zusammen, und rissen die Gewalt an sich, die sie, ihrem Vorgeben nach, dem Volke zuerkannten. Nun gings an ein Plündern, und der große Haufen im Volke sah mit Schrecken, und auf seine eigne schwere Kosten, daß er nur statt Eines Herrn, tausend andere bekommen hatte. Aber sein Uebergang von einem Könige zu einer Räuberrotte bereitete ihm herbe Früchte. Das Geld verschwand ganz und gar, die Reichen, die ihm Arbeit gegeben hatten, wurden aufgespürt, und wie Wildpret zerstört. Die Konvulsionen dieser schrecklichen Augenblicke hatten die reichen Kaufleute und Manufakturisten verjagt: Arbeit, die ihm durch den Gebrauch seiner Hände bisher Brodt verschaffte, war mit den Quellen versiegt, die sie genährt hatten. Mitten unter dem vorgegaukelten Freiheitssolde, darbt der Arme. Seine Assignate konnte er nicht essen, und nur ein Mittel bleibt ihm übrig: er — taucht sie in Blut. Mit der Pike in der Hand, greift er das Korn an, das bestimmt war, den Hunger andrer zu sättigen. Die Tragödie, welche in jenem unglücklichen Reiche bisher so oft gespielt worden ist, wird noch immer von neuem aufgeführt, und endigt sich nur dann erst, wenn Gleichheit da, wie überall, gleicher Untergang wird.

„Die Manufakturisten verfertigen nichts;
„nichts wird verkauft, und nur in den Häu„den der Soldaten ist Handel (mit Raubgut),
„die einzige Waare, die ich überall antreffe,
„ist — unsre Unklugheit und unser Blut.
„Bald wird man nichts in Frankreich sehn,
„als Elend und Papier." *)

Dies ist ein Zeugniß aus dem Munde eines Jakobiners im Konvent! Wer mag nun noch zweifeln? **)

*) St. Just im Moniteur vom 1sten Dec.
**) Der Preis des Weitzens ist jetzt in vielen
 Departements 4 Pfund Sterling 10 Schill.
 für ein Quarter, weil er in Assignaten
 bezahlt wird, so denken ununterrichtete
 Männer, daß der Arme, der mit Papier
 bezahlt wurde, auch ohne Schwierigkeiten
 wieder mit Papier bezahlen könne. Indessen verhält sich die Sache anders. Das

Am 26sten Novemb. beklagten sich die Abgeordneten des Distrikts der Loire und Eure, vor den Schranken des Konvents: Die Gesetze sind ohne Kraft und Nachdruck. Der Preis des Brodts ist so hoch, daß es der Arme gänzlich entbehren muß. **Das Elend hat seinen höchsten Gipfel erreicht.**

Papier hat nicht nur den Preis des Brodts gesteigert, sondern auch Manufakturen und Gewerbe zerstört. Jetzt greift es sogar den Ackerbau an. Das Volk ist schlechterdings ohne Arbeit, und kann sich so wenig ein Assignat, als einen Louisd'or erwerben. Dieses tiefe Elend ist erst seit einem Jahre eingerissen, denn noch im vorigen Frühlinge waren die Manufakturen in einigen Orten des Reichs im Gange. Die Angelegenheiten unsers Vaterlandes erfordern die wachsamste Aufmerksamkeit, oder wir sind ohne Rettung verloren. Die Operation mit den Assignaten ist sonderbar gewesen. Bis zu einem gewissen Zeitpunkte schien sie wohlthätig zu seyn, aber da man die Gränze einmal überschritten hatte, so gerieth alles reissend schnell auf die Neige.

175

Wenn die Theurung anhält, so muß man die größten Unglücksfälle befürchten. Man schickte Truppen aus in die Provinzen, welche die Landleute zwingen mußten, ihr Getraide um den halben Preis zu verkaufen; von diesem bezahlte man noch dazu die Hälfte in Assignaten: ja, was noch mehr ist, man kehrte sich gar an keinen Preis und nahm es weg. „Wilde Rotten von Menschen bemächtigten sich des Getraides auf den Märkten ohne Bezahlung." *) Zu Louviers standen 5 bis 6000 Arbeiter auf, um die Obrigkeiten zu zwingen, an ihrer Spitze das Getraide in den Scheuren der Landleute aufzusuchen. In voriger Woche raubten sie zu Paßy alles, was auf dem Markte war, während 600 andere mit verwüstender Hand die Forsten durchstreiften. **)

Der Zustand der Heerstraßen (die unter der alten Regierung von ganz Europa mit eifersüchtigen Augen betrachtet wurden) ist von

*) Der Minister des Innern an den Konvent. Moniteur vom 28sten Nov.
**) Moniteur vom 9ten Jan.

der Art, daß er allein und ohne alle andere Unbequemlichkeiten den Getraide-Transport hindern muß, und den Mangel auf mancherlei Art vergrößert. Ich weiß von einem Manne, der neulich mitten durch Frankreich gereiset war, daß seit drei Jahren auch nicht die geringste Ausbesserung gemacht ist. Man sagte ihm in einigen Distrikten, auf seine Nachfrage, daß das Volk sich durchaus weigerte, auf irgend eine Weise zu ihrer Erhaltung beizutragen. Der Minister des Innern beklagte sich am 6sten Januar beim Konvent darüber, daß sie in einem schrecklichen Verfall wären; Dans un etat de delabrement epouvantable.

Bei der allgemeinen Gesetzlosigkeit, die dort herrscht, könnte man vielleicht sagen, dieser eine Gegenstand, die Heerstraßen, seyen noch von keiner großen Bedeutung: aber es erhellt aus diesem Umstande sehr deutlich, daß die Regierung in Angelegenheiten, welche das Wohl des Volks unmittelbar und so nahe angehen, gar nichts Gutes zu thun vermag, und nur noch Kraft hat, Uebles zu thun. Ihr hebt Zehnten und Lehnsgelder auf; nun will das Volk keine Landtaxe mehr bezahlen; es will selbst die Straßen nicht bessern, die doch zu seinem eignen Nutzen sind. So stehn die Sachen, und gleichwohl gibt es Politiker in England, die uns sagen, daß alles in Frankreich noch gut gehen wird. Als obs auch möglich wäre, solche Uebel durch neue Experimente zu heilen. Eine ganz unveränderte und völlige Wiederherstellung der ehemaligen Regierung, mit Schrecken und Furcht in ihrem Gefolge, nicht die Milde eines Ludwigs des 16ten, scheint jetzt das einzige mögliche Mittel zu seyn, Ordnung wieder herzustellen.

So stand es nicht unter der alten Regierung, aber man war einmal damit unzufrieden.

Am 7ten Januar schrieb der Minister des Innern an den Konvent, und beschwerte sich über die Kommüne von Paris. **Mitten im Ueberflusse,** sagte er, **stehen wir auf dem Punkte, Hungers zu sterben. Das kömmt daher, daß man uns immer vordeklamirt, um das Volk zu erhitzen. Die Polizei gilt nichts: Die Verwaltung der öffentlichen Angelegenheiten wird ganz versäumt: überall herrscht**

schreckliche Unordnung. „Unser Mund-
vorrath ist in eben dem Maaße verschwunden,
sagt Saint Just, „als unsre Freiheit zuge-
nommen hat." *) Hier ist das Uebel und
die Ursache desselben in zwei Worten geschildert. Das Volk triumphiret und dul-
det, sagen die Jakobiner in der Zuschrift an
ihre Brüdersocietäten, seit vier Jahren des
Elendes und seit vier Monaten voll
unaufhörlicher Bedrückungen **).

Die Deputation des Departements der
Loire und Cher, kündigt am 26sten November,
vor den Schranken des Konvents, einen Aufstand von 25000 Menschen an, der durch den
hohen Kornpreis veranlaßt war. Dabei ver-
sichert sie doch, daß das Land auf ein ganzes
Jahr Getraide genug habe. Das Verfahren
des Volks habe allein eine solche Noth verursacht, daß ein armes Weib im Kirchspiel l'Hos-
pital, die dreimal vergebens nach dem Markte
zu Romorentin gegangen sey, um Korn zu

---

*) Moniteur vom 1sten Dec.
**) Robertspierre an seine Kommittenten Nr. 8.
S. 386. 387.

laufen; bei ihrer Zuhausekunft, von wüthendem Hunger getrieben, ihr Kind geschlachtet habe, wofür sie nachstdem mit dem Strange bestraft worden. *) Fürwahr! das verdient von unsern armen Arbeitsleuten, von den Ständen, unter welchen unsere jakobinischen Reformatoren ihr Gift der Gleichheit und Menschenrechte so geflissentlich verbreiten, wohl beherzigt zu werden! Herrliche Früchte haben diese Rechte in Frankreich hervorgebracht! Sie bringen die Armen an den Galgen, weil sie **ihre eignen Kinder tödten, damit diese nicht vor Hunger sterben. Und doch ist Korn genug im Lande!!!** „Vermittelst einer Revolution," sagt Paine, „wird der Bürgerstand zum vollen Genusse des reichlichen Segens gelassen werden, dessen er jetzt beraubt ist." — Der reichliche Segen, den die Revolution hervorbrachte, ist für die Franzosen ein schicklicher Text zum Predigen. Für dieses Recht; für eine solche Gleichheit; für dies schöne System der französischen Philosophie und **neuen Aufklärung**; die in der Theorie ein mildes Mondlicht, und in

---

*) Moniteur vom 27sten Nov.

der Anwendung Hungersnoth um sich her verbreitet: dafür sollen unsre ärmern Mitbürger allen ihren gegenwärtigen Wohlstand aufopfern! Das, was ihnen die altenglische Verfassung zugetheilt, so gut oder schlecht es seyn mag, sollen sie für Rechte austauschen, die sie zwingen, entweder mitten im Ueberflusse, wie die Jakobiner sagen, vor Hunger zu sterben, oder ihre eignen Kinder zu schlachten, und sich dann nach eben dem Gesetze aufknüpfen zu lassen, nach welchem man sie ohne Hülfe hätte vor Hunger sterben lassen. O gutes englisches Volk! so grausam geht deine Regierung nicht einmal mit wilden Thieren um! In den Tower werdet ihr allenfalls gesperret, aber nicht gezwungen, eure Kinder zu essen!

„Täglich," sagt Manuel, „sehn wir auf den Straßen und selbst vor den Thüren des Heiligthums der Gesetze, Elende, die weder Brodt *) noch Kleider haben." „Unsre Lage ist von der Art, sagt ein Mitglied des Konvents, daß aus den Aufläufen des Volks eine sieghafte und rächende Tyrannei hervorgehn wird. Sollten die Rechte des Menschen blei-

*) Moniteur vom 11ten Dec.

ben, so werden sie mit dem Blute des Volks an das Grabmahl der Freiheit geschrieben werden. Unsre Landleute werden nirgend eine Freistatt haben; die Hoffnung künftiger Erndten wird vernichtet, und unsre Nation der Spott von Europa werden." *)

Die berühmte aber bedaurungswerthe Stadt! so drückt sich der Maire von Paris vor den Schranken des Konvents am 3ten Jan. aus: O träten ihre guten Bürger zusammen, wir würden die Verschwornen, eben so wie am 10ten August, in ihre Dunkelheit zurückgetrieben sehen. So fordert er zu neuen Empörungen, neuen Blutbädern auf! — Die Rechte des Menschen stehn in ihrem Blute geschrieben! So sprechen anjetzt die Franzosen selbst im Nationalkonvente. Hier hat man eine Erfahrung davon, was es mit jenen segensvollen Rechten, die unsre englischen Reformatoren so gern, als die beste Gabe des Himmels, in unser Vaterland herüberpflanzen mögten, auf sich habe.

*) St. Just Moniteur vom 16ten Dec.

Es hieße eure Einsichten beleidigen, ihr armen Arbeiter unsrer Manufakturstädte, wenn man euren Zustand hiermit vergleichen wollte. Ihr wisset, und was noch besser ist, ihr fühlt es, daß hier der Fleiß noch immer seinen Lohn findet. Alle Sonnabend bekommt ihr Abends euren Lohn in baarem Gelde, und am Sonntage braucht ihr nicht von einem mal gern Assignate zu zehren; ein warmes Haus gibt euch mehr Obdach, als ein Ast vom Freiheitsbaume; ihr würdet schlecht fahren, wenn ihr einen guten Rock, ein Paar dichte Schuhe, gegen eine dreyfarbichte Hutschleife vertauschen wolltet. Die Gebrechen endlich, über die ihr klagen mögt, würden schlecht durch Maaßregeln geheilt werden, welche euch über kurz oder lang dahin führen, euch statt des Rindfleisches und Puddings, Frösche und Wassersuppen vorzusetzen, statt des Kohlenfeuers gestohlne Reiser aus den Nationalforsten zu geben; euer Weberschiff in ein Beil, euren Hammer in eine Pike, und eure alten Schillings und Guineen in papierne Assignate der jakobinischen Philosophen zu verwandeln.

Ehe ich die Beschreibung von jenem unglücklichen und zerrütteten Reiche beschließe, wird es unterhaltend seyn, eine Vergleichung der **königlichen Gebrechen** Frankreichs, und der **republikanischen Kuren** derselben anzustellen. **Landtaxen** waren das **Gebrechen**; — die **Heilung**? — Wegnahme des Landes, das sie aufbrachte.

Gutsherrlicher Zins, von der Länderei des Volks bezahlt, war die **Beschwerde — Das Mittel dagegen?** — Gewaltsame Besitznehmung der Länderei des Adels und der Geistlichkeit durch das Volk.

Ein Deficit von 56 Millionen in der Einnahme, das **Unglück** — Gedeckt? — durch ein neues Deficit von 300 Millionen.

Zehn Millionen königlicher Geldscheine, die **Klage** — 3000 Millionen Assignate — die Finanzverbesserung.

Eine Nationalschuld von 300 Millionen die **Krankheit** — eine Schuld von 9000 Millionen, das **Heilmittel.**

Maria Antoinette **verurtheilt** wegen eines albernen Halsbandshandels — Mamsel

Theroigne beklatſcht, weil ſie Gefangene zur Schlachtbank führte.

Die willkührliche Regierung Ludwigs des 16ten — vertauſcht mit Marats Despotismus. —

Bauern gewaltſam zu Soldaten geworben — die **Grauſamkeit** — ſie in Korps von Freiwilligen zuſammentreiben, die erhaltne **Begünſtigung.** —

Advokaten und Prozeſſe war ſonſt das **Uebel** — jetzt **verbeſſert** durch — den kurzen Prozeß des Laternenpfahls. —

25 Millionen, die Ausgaben eines Königs, die **Bürde** — 150 Millionen als Sold für 700 Könige, die **Erleichterung.**

7 Gefangene in der Baſtille, **Beſchwerde** — 7000 Gefangene in den Municipalkerkern **Mittel** dagegen. —

Ein Gericht der Geſchwornen **eingeführt** — und 1200 Köpfe in einer Nacht durch das Gericht der Piken gefället.

———

Landmiliz.

Ich habe bisher in diesen Blättern nur wenig von neuen Einrichtungen gesprochen. Es ist kindisch, sich gegen irgend eine Maaßregel blos deswegen zu erklären, weil es eine Neuerung ist.

Herrn Grenville's wohlthätige Bill über die Untersuchung streitiger Parlamentswahlen war zu ihrer Zeit eine Neuerung; das war die habeas Corpus Akte: das Unterhaus selbst war bey seinem Anfange eine Neuerung. Die Frage kann nicht allgemein gefaßt werden. Man kann nicht überhaupt über alle Neuerungen aburtheilen, weder für, noch wider sprechen: sondern die Frage ist diese: wie die Neuerungen beschaffen seyn sollen?

Daß wir einiger Neuerungen bedürfen, ist keinem Zweifel unterworfen. Aber kann, man noch in Ungewißheit seyn, was für Neuerungen dies seyn müssen, indem der Geist der Gleichheit sich auswärts verbreitet; alles Eigenthum, selbst das Leben, bedrohet wird?

Dürfen wir nun noch unentschlossen abwägen, worin unsere Neuerungen bestehen müssen?

Gibt es wohl einen Eigenthümer, der kurzsichtig genug wäre, um die Frage aufzuwerfen, ob wir zu unsrer Sicherheit auch gegenwärtig neue Anstalten haben müssen? Ob wir, anstatt das vielköpfige Ungeheuer in den Mordklubs und Zerrüttungs-Associationen *)

*) Die handgreiflich nichtige Einwendung, als ob die Klubs ohne Mordthaten, und die Associationen ohne Zerrüttung entstanden wären, verdient kaum eine Anmerkung zur Widerlegung. Eben so sind sie zu Anfange auch in Frankreich beschaffen gewesen: aber wie hörten sie auf? Einige dieser Klubs sind von friedlichen und wohlmeinenden Männern errichtet, aber sie sahen sich bald durch neue Mitglieder, die in ihren Absichten keine Mäßigung kannten, verdrängt, oder unter die Füße getreten. Dies wird das Schicksal aller Associationen seyn, worin Männer ohne Eigenthum aufgenommen werden. Ihre Anzahl muß immer die stärkere werden. Die heftigsten Vorschläge müssen ihnen immer die liebsten seyn. Sie denken, daß sie nichts zu verlieren haben. So läuft am Ende doch in

zu hegen und zu pflegen; anstatt den Geist zu
nähren und die Grundsätze lieb zu gewinnen,
welche Frankreich gänzlich zertrümmert haben,
nicht vielmehr auf Anstalten sinnen müssen, welche die Wogen eindämmen können, wenn sie sich
aufthürmen; welche uns ein Obdach gegen
den Sturm geben, wenn das Gewitter auf-
steigt? Die neue Einrichtung, deren wir bedürfen, die wir einstimmig fordern müssen, ist
**eine starke, diseiplinirte Land-
miliz, die durchaus, Gemeine sowohl als Officiere, aus Eigenthümern besteht.**

Volkstyrannei ist eine ansteckende Wuth,
die gewiß allgemein wird, wenn man nicht
bey Zeiten würksame Mittel dagegen anwen-
det. Ein jedes Land in Europa hängt im
Grunde von einem Heere ab, das aus den
geringsten Klassen des Volks genommen ist,
und dem man vorspiegeln kann, sein Interesse
vertrage sich mit den Empörern aller Art.
Vertrauen auf solch ein Heer ist nach dieser

diesen Gesellschaften alles auf eine gänzliche
Zerstörung hinaus, wenn man gleich Anfangs gute Absichten gehabt hatte.

gegründeten Voraussetzung übel angebracht, und kann auf die Länge betrüglich werden. Die Gefahr für uns ist zu offenbar, um noch bezweifelt, zu furchtbar, um noch bemäntelt werden zu können. Es wäre eine große Verblendung, keine entscheidenden und würksamen Vorkehrungen dagegen zu machen, und ein System zu ergreifen, wodurch das Eigenthum gesichert und vertheidigt wird. Wäre nun eine Landmilitz nach jenem Vorschlage errichtet, so würde das Eigenthum sicher seyn, und die Eigenthümer könnten mit mehrerer Gelassenheit den geheimen und offenbaren Angriffen zusehn, welche diejenigen auf sie thun dürfen, denen die Künste des Friedens und der Ruhe nichts einbringen, welche die öffentlichen Gährungen befördern, und den Sturm erregen, worin sie sich auf den Trümmern und dem Ruin anderer erheben können.

Bei allem, was man aber sagen mag, ist doch die Idee von der Theilung des Eigenthums, für den großen Haufen, eine so süße Arzeney, daß sie überall, und nirgend mehr enthusiastische Anhänger finden wird, als unter den Kriegsleuten. Nothwendig muß sich daher der Eigenthümer selbst vertheidigen; er muß Waffen und Disciplin annehmen. Für jede mäßig große Provinz, müßte ein Regiment Kavallerie von tausend Mann angeworben, und so weit geübt werden, daß es auf das gegebene Kommando achten, und seine Reihen und Glieder in Acht nehmen lernte. Alle Jahr dürfte es drei Tagelang Kompagnienweise und alle sieben Jahre einmal im Ganzen zusammenkommen. Diese Einrichtung kostete dem Lande nicht viel, und würde es doch gegen das ansteckende Beispiel von Frankreich, so wie gegen die, nicht weniger gefährliche, Verbreitung solcher, bereits einheimischen Grundsätze, die auf eben die Gesetzlosigkeit, eben den Bürgerkrieg, eben die Blutbäder abzwecken, wodurch unsre Nachbaren in ihre gegenwärtige verzweifelungsvolle Lage gerathen sind, völlig und auf immer in Sicherheit stellen.

Man hat geäußert, daß es unmöglich seyn würde, eine solche Miliz zu errichten. Ohne mich auf die Erörterung dieser ganz neuen Sache einzulassen, behaupte ich dreist, daß ein Gesetz, welches die Methode bestimmt und bestätigt, wie alle Landeigenthümer in unserm Vaterlande, die keinen Umsturz unsrer Konstitution, unter dem Namen einer Verbesserung, wünschen, sich sogleich zusammenstellen, bewaffnen, in Haufen und Regimenter theilen, und gegen die Freunde der Staatszerrüttung in Bereitschaft setzen könnten, und für uns auf Sicherungs- und auf Vertheidigungsmittel dächten, während die Feinde des Friedens und der Ordnung, in der Wuth des Angriffs, wie durch elektrische Schläge erhitzt und aneinander gestoßen werden: ich sage, daß ein solches Gesetz gut, daß es zur Erhaltung der allgemeinen Wohlfahrt wesentlich nöthig ist. Es ist ganz unnütz, hier blos auf die vorhandnen Gesetze über die Miliz zurückzuweisen. Es ist bisher wenig daran gelegen gewesen, ob sie gehalten würden oder nicht. Jetzt aber ist Gefahr da, eine drohende, unaufhaltbare, Gefahr; Anarchie ist vor der Thür, und nur nachdrückliche Maaßregeln können uns dagegen in Sicherheit setzen.

Affociationen.

Zunächſt nach der Errichtung einer ſolchen Miliz, iſt der gegenwärtige Aſſociationsgeiſt unter den Freunden unſrer Verfaſſung, dieſer edle, ächte, und des biedern Britten ſo würdige Herzensdrang, eine mächtige Schutzwehr für uns. Mit Entzücken ſieht ihn jeder wahre Freund ſeines Vaterlandes als einen elektriſchen Stoß des eigentlichen Patriotismus, mit voller Lebenskraft, durchs Land hinſtrömen. Er macht den Jakobinergeiſt zaghaft; flößt Vertrauen zur gerechten Sache, und ſtille Beruhigung in jedes edle Herz.

Da dieſer Ausbruch ſo geſchwind mit befruchtender Wärme unſre Gränzen durchlief, ſo konnte man unmöglich erwarten, daß nun alle ſogleich mit ihren Wünſchen auf einerlei beſtimmte Gegenſtände fallen würden. Bald aber denkt ſich ein Jeder ſein Ziel und ſein Beſtreben deutlich, und dann wird man gewiß die Nothwendigkeit einſehen, Vereinigungsörter auszumachen, wo ſich die Redlichen im

Lande finden, wenn die Boshaften einmal losbrechen sollten.

Der Geist der Nation ist endlich erwacht! Lange genug hat man den verzweiflungsvollen und abscheulichen Verbrüderungen derer zugesehn, die unterm Vorwande jakobinischer Verbesserungen, den Umsturz unsrer vortreflichen Konstitution wünschten, und sogar uns verholen verlangten. Wir erblickten unsre Gefahr dabei, erschraken über die frechen Drohungen des „unüberwindlichen Pöbels," und sahen uns nach rechten Mitteln zu unsrer Rettung um — mit einem Vertheidigungseifer um, wie ihn der wüthige Angriff nur immer erforderte. Eine große Nation wird beweisen, daß sie sich nicht ungestraft Hohn sprechen läßt.

Hätte man in Frankreich beym ersten Anfange der Revolution, solche Bürgervereine oder ähnliche Verbindungen gehabt, als jetzt unter uns entstehn, so würde man dadurch wahrscheinlich allen den Gräueln derselben zuvorgekommen seyn. Aber die höheren Stände der Nation, kannten ihre Gefahr nicht. Hier ist der Fall aber grade umgekehrt. Wir ha-

ben von ihrer höchst traurigen Erfahrung ge=
lernt, auf unsrer Hut zu seyn, und — unter
allen würksamen Mitteln, wodurch wir dem
Sturme stracks begegnen können, sind (nächst
einer Landmiliz von Begüterten) unsre Bür=
gervereine die zweckmäßigsten.

Man kann mit Wahrheit sagen, daß
noch nie ein Zeitpunkt für uns da war, der
so unsern vereinigten, festen und entschlossenen
gemeinschaftlichen Beistand, so Männerher=
zen, so Männerarme, so alle Freunde des
Friedens aufgeboten hätte, die Schrecknisse
zu hintertreiben, welche uns ganz kürzlich er=
warteten, so lange wir sie noch hintertreiben
können. Es ist ein Augenblick, der jedes
Herz in patriotische Begeisterung setzen muß.

Die Sache betrifft nicht bloß Königreiche,
Könige, Minister, sie greift in unser eignes
Vermögen, in unsre Häuser und Familien ein.
Wollt ihr vermöge der Kraft und des Nach=
drucks eurer Gegenanstalten, durch die feste
Grundlage des allgemeinen Eigenthums, wor=
auf ihr eure Bürgervereine bauet, durch die
Weisheit eurer Entschlüsse und den Nachdruck
ihrer Ausführung, dem Elende Frankreichs

entfliehen? Wohl! so höret nicht auf die verrätherischen Vorspiegelungen der jakobinischen Reformatoren. In solchen Zeitläuften als die jetzigen, gibt es keine Mittelwege. Da das Beispiel von Frankreich so klar ist, so werden Vorschläge zur Verbesserung, die dort bloß Mord und Brand hervorbrachten, unsre Nation nur warnen, sich gegen diejenigen Männer in Bereitschaft zu setzen, welche so unverholen ihren Wunsch an den Tag legen, alles Gute, was wir genießen, auf das verzweifelte Spiel einer Revolution zu setzen. Dies müßte doch wohl die Feinde des Jakobinergeistes zusammendrängen, **müßte alle Stände der Nation mächtig ergreifen**, damit jene Feinde lernen und einsehen, daß unsre Verfassung den Mittelpunkt ausmacht, um den wir uns immer versammeln werden*), aber unsre wahre eigne Verfassung, so wie sie besteht, ohne durch **Reformen**, oder den **Baum der Freiheit**, als das Symbol des jakobinischen Wahnsinns, befleckt worden zu seyn.

*) Ausdrücke des Herrn Fox in seiner Rede an den Whig=Klub.

Die Gefahr hat nachgelassen, seitdem die Regierung ein wachsames Auge auf die Krise unsrer Zeiten warf, und seitdem der vortreflische, rechtschaffene Geist des Volks offenbar worden ist. Die Feinde des öffentlichen Friedens werden es nicht mehr wagen, die jakobinischen Lehren auf den Märkten zu predigen, die uns noch vor kurzem unter so mannigfaltigen Formen zu Ohren kamen. Sie werden vielmehr das Gewand weit bescheidener und gemäßigter Absichten umhängen. Bloß als wohlmeinende Verbesserer werden sie auftreten; — ein angenommener Charakter, der vielleicht gefährlicher, als der vorhergehende seyn dürfte, weil er versteckter und hinterlistiger ist, der ebenfalls dazu entlehnt wurde, Gleichheit und Aufruhr zu bewürken! Denn die Herren Reformatoren wissen gar wohl aus dem großen französischen Experimente, daß eine Volksvertretung nach der Kopfzahl, hier so wie jenseits des Kanals, einen gänzlichen Umsturz aller gesetzmäßigen Auktoritäten hervorbringen würde. Man muß daher die Reformatormaske, mit eben so eifersüchtigen und mißtrauischen Augen ansehen, als die offenbare Jakobinerlarve; und die Bürgerverbindungen, die mit so rühmlichen Absichten in unserm Vaterlande zusammentreten, sollten billig gegen solche Neuerer, und gegen ihre Lehrsätze sehr auf ihrer Hut seyn.

Bleibt England neutral, so ist seine Macht den Jakobinern ein Dorn im Auge; erklärt es sich gegen Frankreich, so wird sie ihnen ein Schrecken. Man sehe nun auf die Mittel, welche diese ehrgeizigen Volksverführer anwenden, um hier allenthalben eben die Zerrüttung auszubreiten, wodurch sie ihr Vaterland umstürzten. — Zuverlässig werden sie ihre Werkstätte nicht aufmachen, und den Namen **Jakobiner** über die Thüren schreiben. Nein! sie kennen ihren Vortheil besser. Sie finden weit zweckmäßigere Mittel. Ihr Werk wird ihnen von unsern **Oppositionsmännern**, und **Konstitutionsverbesserern** halb in die Hände gearbeitet; sie sahen, daß die Früchte der Arbeiten dieser Männer, ganz ihren eignen Absichten entsprachen: nun schlagen sie Lärm: und rufen laut: **Verbesserung!** sie rufen dabei fast noch stärker, als weiland in Frankreich bei ihrem a la Lanterne! Ihre Abſichten, und die Vereinigung ſolcher jakobiniſchen Zerſtörer mit den engliſchen Verbeſſerern, müßten unſren redlichen Mitbürgern doch wohl die Augen öffnen, und ſie, einen wie alle, zu dem engſten Gegenbunde verknüpfen.

Nicht durch laue Deklarationen von treuer Anhänglichkeit *), die alles oder nichts

*) In ſehr vielen unſrer Aſſociationen ſcheint man ſich ausnehmend viel Mühe gegeben zu haben, die Deklarationen der Treue und Ehrfurcht gegen die Konſtitution in ſolchen Ausdrücken abzufaſſen, die entweder zweideutig ſind, oder den Reformatoren gleichfalls gefallen können: gleich als wenn man alle Menſchen, ohne Unterſchied ihrer politiſchen Ueberzeugungen darin aufzunehmen wünſchte. Wenn dieſe Schonung nun noch etwas weiter getrieben wäre, ſo hätte man Deklarationen ans Licht treten laſſen, welche die erklärteſten Jakobiner hätten unterſchreiben mögen. Die urſprüngliche Abſicht war verkehrt, und lief gradezu darauf hinaus, die Kraft und Stärke der Verbindung zu ſchwächen. Wenn das allgemeine Gefühl allgemeiner Gefahr und das wohlgegrün-

sagen, und in sechs Monathen vergessen sind,

bete Schrecken eines schlimmen Augenblicks die Menschen bewegt, sich zu vereinigen, um sich gegen die Angriffe derer zu schützen, die sich schon lange zu ihrem Untergange verbündet hatten: was kann in einem solchen Augenblicke alberner und schwachköpfiger seyn, als durch unzeitige Gefälligkeit, nach solchen Ausdrücken für seine Gefühle suchen, welche die Associirten von einer ganz entgegengesetzten Parthei; Männer, die offenbar auf einen Umsturz unsrer Konstitution nach französischen Grundsätzen, (denn noch ist kein Verbesserungsvorschlag gethan, der nicht auf jenen Grundsätzen beruhete) losarbeiten, bewegen können, sich wie Heuchler mit euch zu verbinden? Dies ist eine Schwäche, die mit nichts entschuldigt werden kann! Im Gegentheil müßten die Deklarationen alle so abgefaßt seyn, daß sie ausdrücklich und absichtlich jede Vereinigung mit so gefährlichen Menschen, unmöglich machen, als alle diejenigen sind, welche den Gedanken, unsre Konstitution, in solchen Augenblicken als die gegenwärtigen anzutasten, nicht verabscheuen. Durch ein solches Betragen würde es klar

sondern durch den kräftigen Widerstand gegen

werden, daß die Parthei der Reformatoren, so zahlreich sie auch vor dem 10ten August war, anjetzt so schwach geworden ist, daß nicht der Tausendste das Wort Reform, wenn es im Ernste ausgesprochen wird, anhören mag, und den Gedanken an dergleichen Quellen von Verderben der ganzen Nation ertragen kann. — Es ist noch ein Gegenstand, woran man bey Associationen nicht gedacht hat, und der gleichwohl vielleicht eben so heilsam und würksam seyn würde, als irgend ein andrer; nemlich dieser, eine Verabredung, mit keinem jakobinischen Kaufmann, welcher Art er sey, zu handeln. Betrachtet man die hartnäckigen Versuche zur Abänderung einer Konstitution, welche das Eigenthum so nachdrücklich schützt, als die englische, genauer; vergleicht man unsre Konstitution mit irgend einer andern in Europa, so muß man die Sorglosigkeit, womit gewisse Leute diejenigen noch aufmuntern, welche so eifrig auf den Untergang dieser Konstitution erpicht sind, zugleich für eine erstaunliche Dummheit halten. Wer hört nicht, wenn er einigermaßen mit den Umständen der Einwoh-

jede Idee zu angeblichen Verbesserungen, die

ner einer englischen Stadt bekannt ist, oft
viel Aufhebens von dem Wohlstande der
unruhigen Köpfe machen? Führt man an,
daß die politischen Grundsätze gewisser Men‑
schen für das Eigenthum gefährlich sind:
so erwiedern sie uns mit vielem Geschrei:
Wie? Denkt ihr denn auch wohl daran,
was diese und jene haben? Sind sie
nicht reich? Haben sie nicht auch etwas
zu verlieren? Ja doch! sie haben etwas
zu verlieren, aber das, was sie aufs Spiel
setzen, ist mehrentheils eben so leicht fort‑
zubringen, als ihre eigne Person, und des‑
wegen sind sie allezeit fertig, es einmal auf
eine allgemeine Verwirrung ankommen zu
lassen. Und woher denn nun der Reich‑
thum, worauf sie so stolz hinweisen? Wahr‑
scheinlich haben die Gutsbesitzer aus ihrer
Nachbarschaft, und die Kapitalisten von
ganz andern Grundsätzen, aus eben der
Stockblindheit, wovon ich rede, schon Jah‑
relang ganz treuherzig solche, der Regie‑
rung abgeneigte, republikanische, jakobini‑
sche Reformatoren unterstützt, um ihre
Vermögensumstände zu verbessern, die nun
dazu angewendet werden, solche gutherzige

auf dem Grundsaße beruhet, daß man dem Volke mehr Macht geben solle — darin liegt

Geber zu Grunde zu richten. Sie zahlten von ihren Einkünften in die Hände derer, die den Gewinn, welchen sie darauf machen, auf die Errichtung eines englischen Konvents verwenden, ihre Brüder Gleichheitsbürger damit unterstüßen, Geld-Korn-Kleider- und Waffensubscriptionen für die Meuchel- und Königsmörder in Frankreich zu eröffnen, und sie in den Stand zu sehen, dereinst, wenn ihnen daheim alles nach Wunsch geht, auch die groben Gebrechen der brittischen Konstitution durch eine radikale Reform niederzutreten. Eine so läßige Unbedachtsamkeit, womit man sein Geld zu seinem eigenen Ruin anlegt, verdient den tiefsten Unwillen. Wer ein wahrer Freund unfrer Verfassung seyn will, der wende sein Geld solchen Männern zu, deren Grundsäße er kennt, und werde nicht Beförderer der Empörung, und Helfershelfer des Republikanismus, ohne es einmal zu wissen. In allen Partheien und Sekten aller Art, politischen und religiösen, ist man so verfahren, ihre Mitglieder haben allezeit dies beobachtet.

jetzt unsre Gefahr. Nicht der eigentliche Jakobiner, mit aufgestreiftem, blutigem Arme, mit der Pike in der Hand, in Bereitschaft, euch den Hals abzuschneiden; nein! sein Kammerherr, der gemäßigte Reformator, der viel im Sinne hat, aber wenig fordert, und die Kunst versteht, aus Wenigem Viel zu machen, ist der gefährlichste. Aber laßt euch nicht beschmeicheln! Widersteht **allen Abänderungen** in der Konstitution, die euch die Mittel gab, in Wohlstand zu kommen, und die euch den Genuß eures Wohlstandes sichert. Vereinigt euch zu Beschlüssen, welche euren Abscheu gegen Veränderungen, und gegen alle Vorschläge dazu, die nicht aus dem Parlamente selbst kommen, deutlich an den Tag legen. Reicht eine Bittschrift beim Parlamente ein, daß es alle Gesellschaften und Klubs verbieten möge, welche den Zweck haben, an dem Glück Britanniens Versuche zu machen, zu erforschen, ob sich nicht noch bessere Rechte, als die Rechte des Engländers, ausfindig machen lassen, den Zweck haben: eure Gesetze, eure Religion, eure Regierung abzuändern und euch an ihrer Statt das

neue Licht der französischen
Philosophie angedeihen zu lassen!

Ob ich recht habe, so zu sprechen? Wer
daran zweifelt, der überdenke die Addressen,
welche die reformirenden Gesellschaften in
England an den französischen Nationalkonvent
gerichtet haben. Hier sind einige wenige Aus=
züge davon.

Die Freunde des Volks und der Konsti=
tutionsgesellschaft zu Newington *) schreiben
in folgenden Ausdrücken an den Konvent:

„Mit der innigsten Freude sehn wir
auf den glücklichen Erfolg eurer Waf=
fen und eurer Unternehmungen, um
die braven Nationen an eurer Gränze,
von Sklaverei und Trug zu befreien.
Wie göttlich ist das Gefühl der Mensch=

*) Ein Vermächtniß, das der verstorbne Dr.
Price zum Besten seines Vaterlandes hin=
terließ; — vielleicht war er der gefährlich=
ste Bürger, in politischer Rücksicht, der
jemals gelebt hat; doch gibt es Männer
vom ersten Stande, die sich seiner Freund=
schaft rühmen.

lichkeit, daß euch antreibt, ihre Ketten zu zerbrechen!"

Unterzeichnet
J. J. Skipper.
S. Peacock.

Die Londner Revolutionsgesellschaft: — Besonders nehmen wir den frohesten Antheil an der Revolution vom 10ten August, die so nothwendig war, um euch die Vortheile zu sichern, welche ihr von der ersten erwarten konntet. Es gewährt uns eine angenehme Empfindung, daß das Recht des Aufstandes mit so glücklichem Erfolge ausgeübt wurde.

Unterzeichnet
J. Towers. Cooper.

Die Freunde der Freiheit und Gleichheit zu Belfast in Irrland: — Zur Ehre der Menschheit möge eure Deklaration der Rechte überall, in Anwendung gebracht werden!

Die Freiwilligen zu Belfast: — Die glücklichen Unternehmungen der Franzosen sichern die Freiheit auch den benachbarten Nationen.

Die vereinigte Gesellschaft zu London: — Ein bedrückter Theil der Menschheit vergißt jetzt seine eignen Leiden, und empfindet nur die eurigen. Mit trüben Augen sehn wir den gegenwärtigen Vorfällen zu, und bringen das heißeste Flehen vor den Gott dieses Weltalls, daß er eure Sache mit einem glücklichen Ausgange krönen möge, womit auch die unsrige so enge zusammenhängt. Wir werden herabgewürdigt, durch ein drückendes Zwangssystem, dessen unabwendbaren, steten Beeinträchtigungen, schnell zufahrend, die Nation ihrer gepriesenen Freiheit beraubten, und sie beinahe bis zu eben dem verworfenen Sklavenstande erniedrigten, wovon ihr euch so ehrenvoll losgesagt habt. Fünftausend englische Bürger haben, vom tiefen Unwillen entbrannt, den Muth, vorzudringen, um ihr Vaterland der Schande zu entreißen, welche die Niederträchtigkeit seiner

Machthaber darüber gebracht hat. Franzosen! Vergleicht man unsere Anzahl mit der übrigen Nation, so wird sie unbedeutend scheinen. Aber wisset, daß sie täglich zunimmt! Und wenn gleich die schreckliche, immer drohende Rechte der Regierung den Feigen in Furcht setzt; wenn gleich die falschen Vorspiegelungen, die man unaufhörlich, mit so vieler Aemsigkeit unter das Volk bringt, die Leichtgläubigen irre führt; wenn gleich das offenbare Einverständniß zwischen unserm Hofe und Franzosen, die überwiesene Verräther ihres Vaterlandes sind, die Ehrgeizigen und Blödsichtigen mit sich fortreißt: so können wir euch doch, freie Männer und Freunde' zuversichtlich versichern, daß sich die Aufklärung mit schnellen Fortschritten unter uns verbreitet. Ihr seyd schon frey, die Britten rüsten sich, es auch zu werden.

Unterzeichnet,
M. Margarot.
T. Hardy.

Die Konstitutionsgesellschaft in London: — Von eben der Art bilden sich unzählbare Gesellschaften in allen Theilen von England. Nach dem Beispiele, welches Frankreich gegeben hat, sind die Revolutionen leicht. Die Vernunft macht reißende Fortschritte, und es würde gar nichts Ausserordentliches seyn, wenn die Franzosen noch weit eher, als man sichs einbilden mögte, Glückwünschungsschreiben an einen Nationalkonvent von England abschickten. — Bald werden auch andere Nationen auf dem Wege zur Wiedergeburt folgen. Sie werden aufstehen von ihrer Schlafsucht, und zu den Waffen greifen, um Menschenrechte zu predigen.

Unterzeichnet

Sempill. D. Adams.
Joel Barlon.
J. Frost. *)

*) Uebergeben den 28sten Nov. und also eine völlige Billigung des 2ten Septembers.

Die Antwort des Präsidenten auf diese Schreiben, war eine wahre Kriegserklärung gegen unser Reich: — Die Schatten von Penn, Hampden und Sydney schweben über euren Häuptern, und der Zeitpunkt naht unstreitig heran, wo die Franzosen dem Nationalkonvent von Großbritannien ihre Glückwünsche bringen werden.

Eben den Ton stimmte der Konvent in der Erklärung vom 15ten Decemb. an: — Als Feinde soll das Volk behandelt werden, welches sich Freiheit und Gleichheit anzunehmen weigert, oder ihr entsagt, welches seinen Fürsten und seine privilegirten Kasten zu erhalten wünscht, oder einen Vergleich mit ihnen eingeht.

Lasset nun die Männer, welche (ohne grade Jakobiner zu seyn) den Krieg verdammen, oder doch noch immer denken, man hätte ihn wohl vermeiden können; laßt sie solche Auszüge aus der Korrespondenz englischer Republikaner und französischer Mörder, mit Nachdenken betrachten! Wer nicht völlig seiner Vernunft beraubt ist, der muß es für unmöglich halten, daß Männer, die es so offenbar auf die Vernichtung unsrer Konstitution anlegen, mit dem Konvent in Franckreich länger in Verbindung bleiben, und von ihm als gute Freunde die unbedingte Vollmacht annehmen können, zu thun, was sie nur immer wollen, ohne daß wir Uebrigen dabei die äußerste Gefahr laufen, alles das einzubüßen, was wir unsrer Regierung, unsren Gesetzen verdanken — ich meine unser Leben unser Eigenthum.

Die **Verhandlungen der Association der Konstitutionsfreunde zu Dublin, unter Vorsitz des Herzogs von Leinster!!** — dies ist eine Schrift, die Aufmerksamkeit verdient; denn sie setzt es ausser allen Zweifel, daß unsre Gefahren noch nicht vorüber sind. Der Jakobinergeist schläft wahrlich nicht, wie viele Associationen wir auch dagegen errichteten. Die Feinde des Gesetzes und der Ordnung fahren noch unablässig in ihren Versuchen fort. Irrland ist ihr liebster Sammelplatz, und sollten die neuen Grundsätze der Gleichheit, sollte die neue französische Aufklärung erst da ihre Heimath
O

finden, so würden sie auch bald England selbst ans Herz greifen.

Diese „Freunde" fordern das Volk auf: „**Niederzutreten** die Verdorbenheit, „die Schändlichkeit „die stinkendsten Handlungen unter den häßlichsten Benennungen." die das regelmäßige System der Regierung ausmachen, sie niederzutreten durch eine **gänzliche Reform**; durch ein Korps von Repräsentanten, das den ansehnlichsten wesentlichsten Theil der Konstitution ausmachen, und durch eine **allgemeine** Volkswahl erkohren werden soll."

In so wenigen Worten könnte die englische Sprache schwerlich die Feuerbrände der Empörung stärker mahlen. Das Volk aufrufen, nicht etwa zu bitten, zu verlangen, nachzusuchen, sondern die Mißgriffe der Regierung **niederzutreten**; sie **niederzutreten** durch eine **radicale Reform** und eine allgemeine Repräsentation, das heißt mit andern Worten, einen Konvent fordern, den König nach Tyburn *) schicken,

*) Der ehemalige Hochgerichtsplatz bey London.
A. d. U.

die Lords vertilgen, und mit ihrem Eigenthum die neuen Robertspierres, Brissots und Marats ablohnen wollen. Solche Ausdrücke sagen zu viel, um Werk des Zufalls zu seyn; sie stimmen so genau mit den Drohungen der französischen Jakobiner überein, daß ein klares Einverständniß, eine Verbindung mit diesen, keinen Augenblick für uns mehr zweifelhaft seyn darf.

Der Minister des Seewesens schreibt an die Freunde der Freiheit und Gleichheit in den Seestädten: „**Werden die englischen Republikaner zugeben**, daß König und Parlament einen Krieg anfangen? Schon bezeugen diese freien Männer ihr Mißvergnügen, und die stärkste Abneigung, gegen ihre Brüder in Frankreich die Waffen zu ergreifen. Wolan! Wir wollen ihnen schnellen Flugs zu **Hülfe** eilen! Wir wollen ihre Insel angreifen, 50,000 Freiheitsmützen abschicken, damit auch da der **geheiligte Baum** aufgepflanzt werde."

„Mit offenen Armen wollen wir unsern republikanischen Brüdern entgegen gehn, die englische Freiheit **säubern** und die groben Gebrechen der Regierung reformiren."

Hier drohen die Jakobiner, in Verbindung mit englischen Republikanern, unsre Freiheit zu säubern, und durch 50,000 Bajonette unsre Staatsgebrechen zu heilen.

Was heißt das anders, als uns durch eine **radicale Reform** zu unterjochen? Erklärungen dieser Art müssen einem jeden, der noch über die Absichten, die unsre Reformatoren bei ihren Operationen haben, ungewiß seyn könnte, hinreichende Aufschlüsse geben, und uns über die schreckliche Lage, worin wir gerathen würden, wenn unsre Regierung so thörigt wäre, solchen Mordbrennern stillschweigend zuzuhören, oder so schwach, ihre verrätherischen Unternehmungen nicht durch nachdrückliche Mittel zu hintertreiben, die Augen zu öffnen. Dies ist der **ehrenvolle Verbesserungssieg**, den das irrländische Volk über das brittische Ministerium erfocht. *)

So oft unsre jakobinischen Verbesserer von Freiheit sprechen, so muß man auf der

---
*) Erklärung der Freunde der Preßfreiheit. S. 14.

einen Seite an Eroberung, auf der andern an Unterwerfung denken. Man will uns durch eine Reform gleichsam **erobern**, und unter den Gehorsam der Gleichheit **beugen!** Behauptete man doch selbst im Parlamente, als die Regierung aus Besorgniß nicht länger anstehen durfte, die Miliz aufzubieten, und die Nation aufzurufen, daß sie auf ihrer Hut seyn mögte: die Minister müßten wegen ihres Verfahrens angeklagt werden? Könnte es wohl noch eine Frage seyn, ob diejenigen, welche jene ehrlosen Deputationen nach Paris schickten, und die, welche sich dazu gebrauchen ließen, völlig daßelbe beabsichtigten? Aus diesen verabscheuungswürdigen Thatsachen, mag das Volk seine würkliche unzweifelhafte Gefahr in ihrer ganzen Größe erkennen! Hier mag es entdecken — und es müßte sehr kurzsichtig seyn, wenn es nicht entdecken könnte, was die Männer von jenen Deputationen damit wollen, daß sie auf die gleiche Freiheit aller Menschen trinken; auf die Gesundheit trinken: **Allenthalben National-Konvente!** Das ist der Wunsch ihres Herzens, und hätte unsre Regierung sechs

Wochen länger geschlafen, sie würden ihn auf den Straßen gesungen haben!

Wer mag ohne Entsetzen folgende Adresse von einer irrländischen Gesellschaft eben des Schlags, an das dasige Korps der Freiwilligen lesen. Sie ist noch vom 20sten Dec. **Bürger= Soldaten! zu den Waffen!** Wenn ihr euer Land für gefährdet erklärt, so schwören wir bey eurem Ruhme — wir wollen an eurer Seite fechten! Trotz der Polizei, Trotz der Militz, die über die Erhaltung der Ordnung wachen soll! Nur durch militairische Reihen könnt ihr die Auferstehung eurer Freiheit und Gleichheit „glücklich bewürken." Dieß beweiset ja mehr als hinreichend, daß wir noch weit von einer völligen Sicherheit entfernt sind, und daß die allmählige Lauigkeit in den Associationsstiftungen, worauf jetzt unsre Wohlfahrt allein beruht, den Gesellschaften tollkühner Wagehälse, und ihren verzweifelten Entwürfen, nur neues Leben gibt; neues Leben den Feinden der Regierung, der Ordnung und des Eigenthums.

Wäre Dumouriez, sagt Robertspierre am 10ten März, *vor drey Monathen in*

Holland eingedrungen, wie er darum nachsuchte, so würde die Revolution in England schon heute geschehn seyn.

Und doch sitzen auf den Parlamentsbänken Männer, die keck behaupten mögen, daß unsre Gefahren nur in der Einbildung liegen. Die jakobinischen Rädelsführer wissen es besser und sagen es laut.

Unsre Feinde ruhen nie. So lange wir Frieden hatten, feierten sie Feste über die Siege der Franzosen: jetzt sehn sie mit Schrecken die wahrscheinlich glücklichen Unternehmungen Englands, und können mit Krokodilsthränen, mit heuchlerischer Reue über das Unglück weinen, welches anzustiften sie doch selbst ihr ganzes Leben verwandt haben. Sie vermögen es über sich, mitten unter den ausgebrochenen Feindseligkeiten im Gewande der Treuherzigkeit des Republikaners Price, einherzutreten, um den Feind der Nation aus allen Kräften aufzumuntern, unsre Kraft dagegen durch das Vorgeben zu schwächen — der Krieg, den das **Volk für rechtmäßig und nothwendig** halte, sey schändlich und abscheulich. Sie krächzen über die Gespenster einer gelbsüchtigen Einbildung, und quirlen gleich einer Medea in ihrem Zauberkessel — **die Volksgährung**, — **den brausenden Geist des Mißvergnügens**, **Bestreben nach gewaltsamen Veränderungen, die Vernichtung der Konstitution durch veraltete Mißbräuche** — **ein verrathenes Volk, das der Kriege der Könige überdrüßig ist** *)

So lange der Geist des Volks nicht schläfrig wird, und voll gerechten Eifers sein Leben und Eigenthum vertheidigt, ist für beides nichts zu befürchten. Allein wahrscheinlich währt diese Regsamkeit nicht lange, und — sollten Schläfrigkeit und Gleichgültigkeit — die Töchter einer unweisen Sorglosigkeit, die Spannung einst noch mehr erschlaffen, welche der gegenwärtige Eindruck hervorgebracht hat, so würde der Muth unsrer Feinde von neuem aufleben, und jene verruchten Gesellschaften, die nur Plünderung wollen, und Zerrüttung bewürken, werden sich bald wie-

---

*) Ausdrücke in einem Schreiben an Herrn William Pitt.

der in ihrer heillosen Geschäftigkeit zeigen, um den Unfug fortzusetzen, der einst Frankreichs Untergang bewürkte, und unser Vaterland beinahe an eben den Rand des Abgrundes gebracht hätte, von welchem sein Nachbar herabstürzte. Gegen eine so gefährliche Sorglosigkeit auf der Hut zu seyn, das ist die erste, und gröste Obliegenheit der Regierung. Nichts als Festigkeit, Kraft und Nachdruck gegen unsre einheimischen Feinde, kann unsre Konstitution rein von allen ansteckenden jakobinischen Neuerungen erhalten. Mäßigung, Gelindigkeit, und die sanften Tugenden eines Mannes, haben Frankreich mit Blutströmen überschwemmt. Mit solchen Waffen dürfen wir in Zeitläuften, wie die jetzigen sind, nicht gegen die Ruhestörer ausziehn. Denn noch steht die Presse in Frankreich unter dem Leuchtenpfahle und unter der Pike; noch füllt der Argwohn dort die Kerker, und Befreiung daraus ist Ueberlieferung an Menschenwürger. Trifft unsre Regierung nicht kräftige und würksame Vorkehrungen; rechnet sie zu viel auf die eignen Bemühungen ihrer Unterthanen, so dürfen wir bald, unter Zerrüttungen und Gräueln den Mangel der Staatsklugheit beweinen, welche ihr solch ein warnendes Beispiel hätte eingeben müssen.

Ein großer Rechtsgelehrter *) sagt, daß in Absicht der Associationen die **Landesgesetze und Rechtsfälle** nichts bestimmen, daß sie aber nach den Gesetzen bedenklich, in ihren Gründen verfassungswidrig, und übrigens durchaus unnöthig **) sind. Im Anfange einer Rede behaupten, daß die Associationen unnöthig sind, das hieß offenbar den einzig wesentlichen Punkt zwischen ihm als Redner, und dem Volke von England, das die Nothwendigkeit der Associationen fühlte, als entschieden voraussetzen. — Er würdigt sie gradezu nach dem, was die Gesetze darüber bestimmt haben, keinen Augenblick aber nach ihrem politischen Werthe, der doch allein und am besten eine Untersuchung ins Reine bringen kann, wovon die **Landesgesetze und Rechtsfälle** schweigen.

*) Herr Erskine.   A. d. U.
**) Erklärung der Freunde der Preßfreiheit. S. 4.

Was ist nun der Punkt, auf den die Frage am Ende zurückkommt? Offenbar ist es die politische Nothwendigkeit! Das Land wimmelte von Jakobinern und republikanischen Associationen, die mit dem Nationalkonvente unmittelbar zusammenhingen, und nach ihrem eignen Geständniß die Absicht hatten, unter uns Freiheit, Gleichheit und — einen englischen Konvent aufzurichten. Erstaunt über dies verwegene Beginnen und über die reissende Schnelligkeit, womit sich das Unheil verbreitete, stand da die Regierung erschrocken; allein da, wo Gesetze und rechtliche Fälle schweigen, (ich danke dem erwähnten Schriftsteller, für dies Geständniß, welches sein eignes Argument gänzlich vernichtet) — geziemts auch den Ministern zu schweigen. Da aber die Krone solchergestalt der Verfassung nach unthätig bleiben mußte, so sah das Volk seine Gefahr. Es fühlte ein großes Staatsbedürfniß. — Durch Associationen trat mit Riesenschritten die Zerstörung herein; durch Associationen ward ihr entgegen gearbeitet. Sollte denn Englands Konstitution, Freiheit und Eigenthum im republikanischen Wirbel winde etwa mit fortgeschleudert werden, während die Rechtsgelehrten noch erst über ähnliche Anklagen *) und Anomalien des Rechts **) nachschlugen? Nein; ein edlerer Geist beseelte den Busen der Britten und alle die süße Ruhe, welche dem redlichen Bürger seine Sicherheit gibt, so wie aller Gift, der in den Unthaten einiger Bösewichter liegt, beweist es, daß dieser Schritt der Nation politisch klug, gerecht und nothwendig war.

Man hat diesen Associationen einen Vorwurf darüber gemacht, daß sie Geldsubscriptionen eröffneten, um die Urheber der Schmähungs- und Empörungsschriften vor Gericht zu bringen; da man es doch billigte, wenn sich Gesellschaften gegen Taschendiebe und Beutelschneider vereinigten, **weil diese Verbrechen zum Gegenstande haben, die einzelnen Privatpersonen Schaden thun.** Es kömmt mir sehr sonderbar vor, daß man Associationen deswegen billigt, weil sie Verbrechen bestrafen sollen, die ihrer Natur nach an einem Einzelnen begangen werden müssen, und

*) Ebendas. S. 4.
**) Ebendas. S. 6.

wogegen das Gesetz ihn täglich, Kraft seiner entschiedenen Macht, beschützen kann, dagegen Associationen hintertreibt, die den Zweck haben, ein Verbrechen zu strafen, das nicht an Einzelnen, sondern an der ganzen Nation begangen wird, und welches das Gesetz bisher weder bestrafte noch verhinderte. Mit andern Worten: es ist sonderbar, daß Verbindungen zu solchen Zwecken, die einzelne für sich erreichen können, gebilligt werden, und dagegen Bürger sich in solchen Fällen nicht verbinden sollten, wogegen nur Verbindungen würksamen Widerstand zu leisten vermögen. Man soll sich associiren, um einen Gauner über die Gränze zu bringen, oder einen Beutelschneider zu verhaften, weil ihre Verbrechen nach Verdienst bestraft zu werden pflegen: allein wider Schmähschriften auf die Konstitution, und gegen Aufhetzung zu Empörungen, soll man sich nicht verbinden, weil wir es allmählig gewohnt geworden sind, daß sie unbestraft ausgestreuet werden!

Indem nun aber die Associationen mit ihren Unterschriften für die Bestrafung aufrührerischer Schriften von unserm beredten

Rechtsgelehrten dergestalt, als verfassungswidrig, gebrandmarkt werden, findet er die Verbindungen mit Unterschriften für die Erweiterung der Preßfreiheit, vollkommen der Verfassung gemäß. *) Jene nennt er gefährlich, weil Gerichtshöfe dadurch in Gefahr gerathen könnten, durch den Einfluß einer allgemeinen öffentlichen vorgefaßten Meinung in ihrem Urtheile bestimmt zu werden. **) Darf man aber nicht fragen, ob ein Gerichtshof nicht eben sowohl auch von jakobinischen Verbindungen angesteckt werden könnte? und ob es den Unterthanen nicht verstattet werden darf, zu ihrer gemeinschaftlichen Nothwehr zusammen zu treten ***), da sich doch Gesellschaften unter ihnen hervorthun, die einander verfolgen?

Man will die Preßfreiheit befördern! das ist fürwahr in unsern Tagen sehr merkwürdig! Die Presse ist denn wohl noch nicht frey genug; sie ist zu bescheiden,

*) Ebendas. S. 21.
**) Ebendas. S. 7.
***) Ebendas. S. 11.

zu schüchtern, zu ängstlich! Sie hat Aufmunterung und Muth nöthig! Man muß sich ihrer annehmen! Der erwähnte beredte Rechtsgelehrte ist so menschenfreundlich, das verschämte Ding bei der Hand zu nehmen, und ihm zuzureden, es solle nur an seiner Seite Vertrauen fassen. **Wir wollen,** sagt er, **dem Volke das Recht schützen und schirmen, die Mängel und Gebrechen der Konstitution aufzudecken** *). Die Presse war bisher nicht frei genug, um dies thun zu können, und bedarf daher des Beistandes unsrer trefflichen Gesellschaft **für die weitere Ausdehnung ihrer Freiheit.**

Streift einem solchen Vorschlage das Gewand ab, was rechtskundige und einnehmende Afterweisheit so vortheilhaft dabei anzubringen wußte, und er wird in seiner schminklosen Nacktheit nur verdienen, verlacht zu werden, wie ihn denn ohne Zweifel eben die Schöngeister im Stillen genug mögen belacht haben, die sich doch öffentlich nie anders als mit allen Falten ängstlicher Gesichter versammeln. Würklich kann man diese gar füglich mit dem Rit-

*) Ebendas. S. 9.

ter von der traurigen Gestalt in einen Rang stellen, denn sie stehen noch nicht auf d e m **glänzenden Posten** *), die ihnen ihr eben erwähnter Gewährsmann, etwas übereilt, als etwas, worauf sie Ansprüche zu machen hätten, versprach. Der Ausdruck war merkwürdig, und verrieth deutlich genug, daß man zur Eröffnung seiner Trödelbude noch andere gewiß größere Absichten hat und die sich mehr der Mühe lohnen, als eine Bude aufzuschlagen, für Verderbniß der Konstitution, und für ungeahndete Austheilung jakobinischer Quacksalbereien, wodurch **die göttliche Kraft der Britten** im Gegensatze mit den Formen der **Konstitution** ins Spiel gebracht wird **), damit sie die **Kraft** erlangen, **Lehren**, welche die gutgesinnten Associationen als empörerisch betrachten, in Anwendung ***) zu bringen.

*) Ebendas. S. 14. Die Versammlung nahm den Ausdruck **erhabner Standpunkt** im eigentlichen Sinne wie ich, und paßte dieser Erklärung auch ihre Anmerkungen darüber an.

**) Ebendas. S. 16.

***) Ebendas. S. 8.

Wenn ein hochberühmter Jurist aus den Gefilden der gesetzlichen Untersuchung erst bis zu solchen tecken Vorschlägen übergeht, so ist er fürwahr von der **praktischen Piken- und Laternenpfahlslehre** nicht fern mehr, und steht neben den **ruhmvollen Eroberungen** *) der irrländischen Jakobiner, welche die grosßen Gebrechen unsrer Konstitution, **auch mit der göttlichen Kraft einer radikalen Reform zu Boden werfen.**

Es darf übrigens weder Regierung noch Nation von ihren Entwürfen abbringen, wenn man die Stifter unsrer Associationen hier und da beschuldigen hört, als ob sie auf der andern Seite wieder zu weit gehen, und durch ihre, öffentlich zu Tage gelegten rojalistischen Gesinnungen die Freyheit des Volks ins Gedränge bringen; diese Beschuldigung muß man als den letzten Versuch eines vereitelten Aufruhrs betrachten. Nichts bleibt den Männern, die mit dem innigsten Gram zusehn, wie viel solche Associationen zur Sicherheit der Konstitution beitragen; nichts bleibt ihnen bey

---

*) Ebendas. S. 14.

den nachdrücklichen Maaßregeln, die man gegen sie fortsetzt, übrig, als — Anklagen zu drechseln und uns zuzurufen, daß wir die Absicht haben, oder wenigstens so zu Werke gehn, als ob wir die Absicht hätten, dem Könige eine unumschränkte Macht zu ertheilen.

Behauptungen von der Art verdienen kaum, daß man sich im geringsten daran kehrt. Diejenigen unter uns, welche vordem den Wunsch gehegt haben, unsre Regierungsverfassung in eine unumschränkte Despotie zu verwandeln, wenn es anders solche gegeben hat, wünschen es gewiß auch gegenwärtig: Aber daß Associationen, die ihre Bestimmung gradezu dahin erklären, die Konstitution zu erhalten, wie sie ist — frei wie sie ist, daß diese würklich die Absicht haben sollen, sie umzustürzen, ist eine zu ungereimte Beschuldigung, als daß sie Glauben verdiente, und kann nur in den reformirenden Quartier Gewicht haben, wovon sie ausgeht.

So wenig die Landmiliz, Associationen, als was man ausserdem noch für Gegenmittel erdenken mag, würden uns indessen eine Sicherheit gewähren, wenn die Preßfrechheit (nicht Preßfreiheit) noch ferner ihr schändliches und verderbliches Wesen so weit treiben dürfte, als wir es seit einigen Jahren in England erfahren haben. Man wird es nach Verlauf der gegenwärtigen Periode vermuthlich einsehn, daß sich keine Konstitution, sie sey nun gut oder schlecht, gegen eine ungebundene Presse halten kann. Die alte Regierung von Frankreich ist unstreitig dadurch gestürzt worden, daß sie diese Maschine aus der Acht gelassen hätte. Das neue Tyrannenregiment sieht sich, durch jenes lehrreiche Beispiel gewarnt, darin besser vor, und macht die Presse, so wie den Leuchtenpfahl, zu Staatsmaschinen. Wo die Presse auf irgend eine Weise ungeahndet ihre Schranken übertreten darf, da fällt mit einer allgemeinen Unterweisung der Saame der Empörung unter die niedern Volksklassen, und aus diesem Grunde halten die Freunde der Reform, die eifrigen Verehrer der französischen Gleichheit, so viel auf Sonntags- und Freischulen. *)

*) Die Sonntagsschulen sind, wie bey einer gewissen Gelegenheit im Parlamente angezeigt worden, dazu gemisbraucht, Paine's

Diejenigen, welche in Paine einen edeln Menschenfreund und herrlichen Schriftsteller *) erblicken, mögten gern ein System von Nationalerziehung eingeführt wissen, worin Jedermann lernen könne, was die Rechte eines Bürgers **) sind; welcher Vorrechte er beraubt ist ***), und wie er seine Fähigkeiten auf der rühmlichen Bahn der Verbesserung in Würksamkeit setzen könne?

In allem diesem haben die Franzosen eine treffliche Belehrung erhalten. Sie haben würklich ihre Fähigkeiten in Anwendung gebracht; haben gewiß die Augenblicke ihrer Ruhe unabläſſig benutzt; ihr beſtes Beſtreben angewandt, um ihre Staatsverbeſſerung zu beſchleunigen ****). Seine

Schriften unter der geringſten Claſſe zu verbreiten. A. d. U.

*) S. Herrn Cooper's Antwort auf den Angriff des Herrn Burke.

**) Ebendaſ. S. 75. 76.

***) Ebendaſ. S. 75.

****) Herr Cooper drückt sich über die Annäherung der Revolution, welcher er in England entgegensieht, dieser Dämmerung

dem Gesellschaften entstanden sind, die sichs zum Geschäft machen, Verrätherei und Aufstand zu verbreiten, die Anwendung der Kräfte zu lehren, und auf die glänzende Laufbahn von Frankreich, als auf ein Beispiel zur Nachahmung für England, hinzuweisen, macht das Gift, welches zu verbreiten sie sich zum Werkzeuge gebrauchen lassen, diese gesellschaftlichen Verbindungen nicht sehr ehrwürdig.

Ich finde auf meinem Gute, meinem Dorfe, und in unsrer Nachbarschaft noch nicht, daß diejenigen auch die besten Pflüger, oder die geschicktesten Fuhrleute sind, welche es im Ergrübeln der Rechte des Menschen am weitesten gebracht haben. Da es doch einmal eines glänzenden Tages, wie er es nennt, also aus: „Unablässig will ich meine Zeit hingeben, meine besten Kräfte daran setzen, ihre Ankunft zu beschleunigen." Zu dieser Aemsigkeit munterten ihn wahrscheinlich seine Unterredungen mit der Mademoiselle Theroigne de Maricourt auf, von welcher er sagt: „Selten habe ich einen so weit umherschauenden, treffendern Geist und so wahrhaftig patriotische Gesinnungen gefunden."

Holzhacker und Wasserträger geben muß: wozu denn die Predigt über Gleichheit? Sollten es uns die französischen Gräuel nicht sagen, daß hier lehren soviel heißt, als verwirren; aufklären soviel, als verwüsten?

Wenn die Presse hingegen zum wahren Wohl der bürgerlichen Gesellschaft in Schranken gehalten wird, und nicht Gift verbreitet, welches die Gesellschaft zerstöre, so kann den niedern Volksklassen ihre Belehrung nicht wohl verderblich werden. Der Regierung liegt es ob, die Mißbräuche der Presse zu verhüten, deren Vernachlässigung Gefahr, und selbst den völligen Ruin der ganzen Nation befürchten läßt.

Nach meinen Empfindungen könnte man gegen die allgemeinen Folgerungen, die ich aus dem Beispiele Frankreichs gezogen habe, nur noch einen wichtigen Einwurf machen. Es ist der, daß ich in meinen Grundsätzen zu weit gehe, weil daraus folgen würde, daß eine Nation, so gedrückt, so elend sie auch immer seyn mögte, doch lieber Unheil über sich ergehen, als es auf das noch größere Uebel einer Revolution ankommen zu lassen. Der

Einwurf ist ganz gewöhnlich, und wollte man ihn durch Gründe zerlegen, würde er von beiden Seiten zu einer Diskussion führen, die hier wohl am unrechten Orte stehen dürfte.

Des bloßen Raisonnirens über unmögliche Fälle ist kein Ende, aber der Thatsachen sind wenige. Schon aus dieser Ursache muß man sich lieber an die leztern halten, wenn man auch sonst keine Gründe dazu hätte. In den bisherigen Revolutionen der neuen Zeiten; in Schweden, in der Schweiz, in Portugal, Holland und England, bequemte sich das Volk bald wieder zu einer Regierungsform, die derjenigen sehr nahe kam, die es vor seiner Gährung gehabt hatte. Nie träumte es von Experimenten, die lediglich von Principien abhängen sollen.

Sogar bei Amerika hält diese Behauptung fast durchgängig die Probe aus. Denn es ist gegenwärtig keine Konstitution in der Welt, die der brittischen so nahe kommt, als die der vereinigten Staaten. Seit dem französischen Ereignissen halte ich sie für schlechter, als die unsrige, und dies aus dem leichtfaßlichen Grunde, weil sie sich nicht so gut gegen eine Gefahr in Sicherheit gesetzt hat, die gegenwärtig am allerfurchtbarsten ist — gegen die **Gewalt des Volks.** Sonst war der Königsdespotismus überall ein Gegenstand gegründeter Besorgnisse. Er hört es auf zu seyn, denn ein noch fürchterlicheres Ungeheuer hat sich nun in der Welt gezeigt, und trägt in seinem Rachen ein Gift, fressender, als der Geifer hundischer Tollwuth. Bei allen frühern Revolutionen schloß die empörte Nation aus Gründen, und fühlte in der That, daß ihr Kampf, welchen Ausgang er auch immer haben mögte, doch schwerlich eine schlimmere Lage hervorbringen könne, als die bisherige. Amerika allein macht hievon eine Ausnahme. Die Erfahrung rechtfertigte also die Völker, welche sich unterdrückt fühlten, und versucht haben, eine Revolution zu Stande zu bringen.

Man kehre aber das Schaustück um, und sehe zu, wie es jetzt in diesem Punkte zusteht! Die Grundsätze der Gleichheit und die Erklärungen der Menschenrechte sind überall ausgeflossen; und ein *experimentum crucis* sagt uns, daß eine Nation ihre vielleicht sehr elende Regierung nur mit einer, tausendmal ärgern vertauschen kann. Diese große und unglückliche Begebenheit wird einen jeden — wes Standes er auch seyn mag, den ehrlichen Tagelöhner, wie den Prinzen — mit Entsetzen bey der Idee von Revolution erfüllen; wird einen Jeden lehren, lieber seine Leiden geduldig zu tragen, als sich in andre hinein zu stürzen, wovon er noch gar keine Begriffe hat. Sie hat also jener wahren, beglückenden Freiheit, die sich allmählig in der Welt verbreitete, mehr geschadet, als ihr irgend ein ander trauriges Ereigniß zu schaden vermogte. Denken wir daran, so müssen wir den Jakobiner mit tiefer Verachtung, mit dem Abscheu ansehn, womit wir etwa einige giftige, eckelhaft-häßliche Thiere betrachten.

Man nehme die schlimmste militärische Regierung in Europa und vergleiche den Zustand ihrer Unterthanen, von welcher Seite man will, mit dem Zustande der Franzosen, und man darf sicher behaupten, daß sich die erstern in einer bessern und glücklichern Lage befinden, als die letztern unter der Anarchie, die ihnen ihre Menschenrechte bereiteten.

Wenn man hierauf antwortet, daß eine solche Anarchie noch endlich eine gute Regierung begründen und hervorbringen werde, so ist dies so ganz aus der Luft gegriffen, und mit allen Thatsachen so ganz im Widerspruche, daß ich mich äusserst darüber wundern muß, diesen Einwurf so oft wiederholt zu hören. Das französische Experiment war vollständig, es war geendigt, dekretirt und angenommen. — Es wäre ein albernes Vorgeben, wenn man behauptete, gerade Ludwig der 16te habe mehr Macht gehabt, zu vernichten, zu untergraben, als irgend ein andrer König. Wenns mit ihm nicht gehn wollte, so konnte es auch gar nicht angehn, so taugte es im Grunde nicht. Man hatte tausend Anstalten gegen einen entwaffneten König gemacht — und keine einzige gegen einen bewaffneten Pöbel. Dieser Pöbel brach nun ins heilige Gesetzhaus ein, stieß die Konstitution gar unsanft heraus; und würgte darauf so lange fort, bis niemand den Kopf zwischen seinen Schultern sicherer tragen konnte, als etwa die Einwohner von Achem oder Algier. Alles, was Eigenthum hieß, wurde völlig preiß gemacht. Wo gibts wohl Despoten in Europa, deren Unterthanen sich so übel stehn? Und was die Hoffnung betrifft, es könne mit der Zeit doch wohl etwas besser werden, so hat jeder andre mehr Wahrscheinlichkeit, seine Wünsche erfüllt zu sehn, als der Franzose, der nichts vor sich sieht, als neue Leiden und neue Revolutionen zu ihrer Abstellung. Es wäre also immer besser, sich aller Freiheitsgedanken zu entschlagen, als ihnen unter ähnlichen Revolutionen, wie die französische ist, nachzuhängen: Zeit und glückliche Zufälle mögen andern Nationen vielleicht dereinst glückliche Gelegenheiten darbieten, dergleichen Frankreich verloren, schlimmer als verloren, selbst vernichtet hat. Dieses hat ein lehrreiches Beispiel gegeben.

Die natürliche Schlußfolge, welche man hieraus ziehen muß, ist, daß Nationen als Individuen zu Werke gehen; und bloß auf Erfahrung bauen müssen. Wenn Philosophen die Franzosen aufmuntern, ein Freiheitssystem zu suchen, welches besser seyn soll, als es uns die Erfahrung darbietet, so stützen sie ihre Aufmunterungen bloß auf Theorie; und wenn in diesem Augenblicke Jakobiner und Reformatoren uns bereden wollen, unsre Konstitution zu verbessern, ist es da nicht durchaus zweckmäßig, sie erst zu fragen, ob wir denn auch die Freiheit, die wir jetzt wirklich geniessen, gegen Entwürfe der Theorie aufs Spiel setzen dürfen? Eine unverhältnißmäßige Repräsentation, elende Burgflecken, lange Parlamente, ausschweifende Höfe, eigennützige Minister und bestochne Stimmenmehrheiten, sind so unzertrennlich mit unsrer praktischen Freiheit verwebt, daß geschicktere politische Anatomisten, als unsre neuern Reformatoren, dazu gehören würden, uns durch Thatsachen davon zu überzeugen, wir hätten unsre Freiheit nicht gerade den Uebeln zu verdanken, welche sie ausmerzen wollen. In Frankreich finden diese gar nicht Statt; da ist keine ungleiche Repräsentation; da sind keine städtische Privilegien; nicht sieben, sondern zweijährige Parlamente; kein Hof; Minister, die Strohkerlen gleichen: Majoritäten, die keiner fremden Bestechung ausgesetzt sind, und sich nur allein selbst corrumpfren können: aber ist Frankreich bei diesen beneidenswerthen Vorzügen frei? — Da ist eine gleiche Volksrepräsentation, das Experiment damit ist vollständig, und das Resultat — „göttlich" in den Augen der englischen Reformatoren; aber nicht so im Munde der Jakobiner im Konvent; — diese sagen selbst, es sey Anarchie, Blutbad und Hungersnoth.

„Die Aufhebung der formellen Regierung knüpft die Gesellschaft näher aneinander;" so heißt eine von Paine's prahlerischen Maximen. Seine Theorien müßte man immer auf den Probirstein der französischen Praxis bringen. Dann würde man jenes Zusammendrängen, jenes Zusammenstoßen der Gesellschaft sehr wohl verstehen: es ist die Pike des Einen im Wanste des Andern. Sollte England dieses wohl so aufmunternd finden, um es nachahmen zu wollen? Indessen sind solche Umstände noch nicht hinreichend, um die Männer zu befriedigen, die auf eine Reform bringen. Verachtet ihre Gründe nicht, denn wisset, daß sie weiter sehen und daß hinter diesem düstern Vordergrunde noch eine Aussicht ist, glänzend genug, um die Aufmerksamkeit zu fesseln, und Hoffnung zu entzünden; die Aussicht, daß man in England Frankreichs

Beispiel nachahmen und das Eigenthum des
Königs, des Adels, der Kirche und der Nation den Gleichheitsbürgern Preis geben
werde.

In Herrn Mounier's leztrer vortreflichen
Schrift befindet sich eine Bemerkung, die
wohl bedacht zu werden verdient: diese, „daß
wenn einmal ein Königreich eine freie Versammlung mit voller Gewalt über die Schatzkammer Statt hat, man nicht sowohl für die
Freiheit, als für die Existenz der Krone fürchten müsse." An einem andern Orte sagt er:
„Die Anzahl der Volksrepräsentanten in England ist sehr unverhältnißmäßig vertheilt.
Unbedeutende Burgflecken haben nach dem
Herkommen mit ihren wenigen Bewohnern
das Recht, Deputirte zu schicken; während
andere sehr volkreiche Distrikte keinen Theil
an Wahlen besitzen."

„Dieses Misverhältniß scheint gegen viele
unbezweifelte Grundsätze anzustoßen; aber
man würde sie nicht ausgleichen können, ohne
dadurch die Macht des demokratischen Theils
der Regierung zu vergrößern, und ohne befürchten zu müssen, das Gleichgewicht aufzu-

heben, welches seit einem Jahrhundert so schön erhalten worden ist; und sollte die demokratische Parthei dahin stimmen, die Repräsentation gleichmäßiger zu machen, so würden die beiden übrigen gesetzgebenden Stände dadurch unvermeidlich beeinträchtigt werden. Die Ungleichheit der Repräsentation hat hauptsächlich den Vortheil, daß ein grosser Theil des Volks sich viel weniger mit den Deputirten des Unterhauses als eins betrachtet, und daß die öffentliche Meinung nicht so sehr durch Leidenschaften verrückt wird, die das Unterhaus in Bewegung setzen mögen."*)

In dieser Bemerkung liegt ein tiefer Sinn: ihr Verfasser ist einer der besten Männer und der würdigsten Politiker. Bekanntlich war er ein Hauptanführer in der konstituirenden Versammlung, deren Mängel er mit großem Scharfsinne ausspähet. Was er hier sagt, das fühlte er schon damals. Er sah den Umsturz der ersten Konstitution aus der Emsigkeit, womit sich das Volk an die De-

*) Untersuchungen über die Ursachen, welche die Franzosen verhindert haben, frei zu werden; 1792. 2ter Band, S. 272.

putirten schloß, bis diejenigen, welche ohne alle Talente waren, eben so verdorben waren, als diejenigen, deren Talent darin bestanden hatte, die Gesinnungen andrer zu verderben. Was können unsre Reformatoren für einen Versuch anführen, worauf sie die Gewißheit gründen wollen, daß, wenn jene scheinbaren Mängel der Konstitution abgeschafft wären, die Macht des unbegüterten Volks nicht eben dadurch so viel an sich reißen würde, daß es bald im Stande wäre, sich mehr zuzueignen, und so lange diesen Weg fortsetzen würde, bis es alles genommen hätte. Das Beispiel der französischen Revolution ist ein stärkrer Beweis dafür, als irgend ein andrer dagegen aufgebracht werden kann. Allein es ist thörigt, mit den Reformatoren von Beispielen zu sprechen, denn sie gehen lediglich nach Theorien und Menschenrechten: Grundlagen, die für eine Republik in Bedlam sehr gut sind.

Es scheint mir etwas ausnehmend schickliches und angemessenes in dem Betragen derjenigen Associationen zu seyn, die sich gegenwärtig im ganzen Reiche bilden, um das Parlament zu ersuchen, daß es ein Gesetz mache, daß alle Klubs, Verbindungen und Zusammenkünfte für ungesetzmäſi. erklärte, sobald ihre Mitglieder den Zweck haben, Veränderungen in der Konstitution zu bewürken, und nicht zu gestatten, daß eine Gesellschaft, weder in ihrem eignen Namen, noch im Namen ihres Sekretairs, oder eines andern Beamten förmlich mit einem fremden Korps, oder einer fremden Regierung in Briefwechsel tritt, ehe sie eine öffentliche Sanktion erhalten hat. Die Freunde der Ordnung und einer guten Regierung sind jetzt beisammen; die Zeit ist edel und darf nicht verloren werden. Indem man uns mit den Schrecken einer Anarchie bedrohet, so ist es auch unsre Pflicht, mit eben der Thätigkeit und Kraft auf unsre Vertheidigung zu denken, als die Vernichter aller Menschenrechte bei ihrem Angriffe bewiesen haben. Wenn in dem jetzigen Augenblick, da wir es auf der einen Seite mit den Feinden der Menschheit, auf der andern mit der hellbrennenden Empörungsfackel in Irrland zu thun haben, gewisse Männer noch sagen mögen, daß sie keine Jakobiner, sondern Gemäßigte sind, daß sie nur eine Reform wünschen, so ist das eben so

Q

unverschämt, als wenn der Dieb sagen wollte, er sey kein Meuchelmörder, weil er einem andern, der mir die Gurgel abschneidet, bloß das Licht hält.

Daß Regierungen gar keiner Verbesserung bedürfen sollen; daß Gesetzgebung die einzige Wissenschaft sey, die stillstehen könne, folgt hieraus keineswegs: nur gegen Totalveränderungen erklärt sich die Erfahrung; kleine, allmählige Fortschritte in Zeiten der Ruhe; solche Fortschritte, wobei wir nichts wagen, die sind gut. Es ist leicht, die Beschwerden in unserm Vaterlande zu berühren, die jeder redliche und bescheidne Mann wünschte gehoben zu sehen; wenn aber viel gefordert wird, wenig einräumen, das ist aus dem natürlichen Grunde nicht zweckmäßig, weil das Wenige alsdann nicht zureicht.

Man wird mich nicht in Verdacht haben, als ob ich die Zehnten für eine unbedeutende Beschwerde halte *); man würde indessen dies

---

*) Der Verfasser hat sich in seinen frühern Schriften sehr nachdrücklich gegen die Zehnten erklärt. A. d. H.

ſer Beſchwerde ſchlecht abhelfen, wenn man das Getraide wegnehmen wollte, wovon der Zehnte bezahlt wird. Was für ungeheure Taxen ich bezahle, weiß jeder meiner Mitbürger, der meine Abhandlungen lieſt; ſo ſchwer ſie auch ſind, ſo mögen ſie doch lieber bleiben, als daß man mir eine franzöſiſche Grundſteuer auferlegt; das Wenige, was mir übrig bleibt, iſt doch mein, und würde unter der reinen Gerechtigkeitsliebe der jakobiniſchen Gleichheit, ſchwerlich das Meinige bleiben. Mängel gibt es unſtreitig in unſrer Regierungsverfaſſung, und ſie mögen ſeyn, von welcher Art ſie wollen, ſo bin ich überzeugt, daß ſie durch eine Geſetzgebung, welche nach eignem Antriebe, nicht aber nach den Eingebungen der Klubs und reformirenden Geſellſchaften, handelt, allmählig gehoben werden können.

Es iſt eine alte Bemerkung, daß eine Republik allein von dem erhalten werden könnte, was der äuſſere Punkt einer Monarchie koſtet. Die Franzoſen haben dieſem Erfahrungsſatze, ſo wie allen andern, das Siegel aufgedrückt; haben bewieſen, daß Bürger Robertspierre und Bürger Roland es einem

Kaiser Joseph und König Georg in unmäßi=
gem Aufwande zuvorthun können.

Die ungeheuersten Ausgaben, die jemals
eine Nation zu Boden gedrückt haben, findet
man gegenwärtig in Frankreich. Das Deficit
von einem einzigen Monate beläuft sich auf
176 Millionen Livres, oder 7 Millionen
700000 Pfund Sterling, das beträgt nach
Verhältniß fürs ganze Jahr 90 Millionen
Pfund Sterling. „Es ist schrecklich,‟ sagt
Paine, „wenn man sich vorstellt, daß ein
König jährlich eine Million kostet,‟ aber für
eine Versammlung von Bürgern gibt dies
noch kein Frühstück.

In unsrer Civilliste ist auch Vieles, was
nicht zu jenem Prunkaufwande gehört. Die
Bezahlung zur Unterhaltung des Hofes würde
schwerlich für jeden Kopf der Einwohner Groß=
britanniens sechs Pence betragen, und für diese
sechs Pence hat jeder einen Oberregenten, der
alle andre Regenten zu ihrer Pflicht anhält.
Anstatt, daß bei uns der Kopf sechs Pence
für die Erhaltung der Ruhe und Sicherheit
bezahlt, müssen die Franzosen **heut zu Tage,**
der Kopf fünf Schilling zur Unterhaltung

einer Rotte von Gurgelschneidern und einer Versammlung von tollen Hunden, entrichten.

Ein glänzender kaiserlicher Hof mögte wohl nicht so viel zu unterhalten kosten, als der Aufwand der französischen Republik.

„**Monarchie**," sagt Paine, „**ist ein albernes verächtliches Wesen; sie kömmt mir vor, wie ein Gaukelspiel hinterm Vorhange. Rings umher macht man viel Prunk und Getümmel, und gibt ihr dadurch ein erstaunlich feierliches Ansehen. Schlägt aber der Vorhang von ungefähr ein wenig zurück, und sehen die Zuschauer, was es eigentlich damit auf sich hat, — so bersten sie vor Lachen.**" Seitdem er dies schrieb, hatte er in seiner Gesetzgeberwürde genug traurige Gelegenheiten, sich zu überzeugen, daß die **Repräsentation** noch komischere Aufzüge zum Besten gibt, die vollkommen so belachenswerth sind, als eine monarchische Scene nur irgend seyn kann. Er sah, wie die Konventsregenten die Ordnung der Reden durch Faustkämpfe bestimmten, daß bei ihnen statt Tropen Rippenstöße,

statt Metaphern blaue Augen eingeführt wur=
den: tausendmal hat es etwas zu lachen
gegeben, wenn Redner unter großem Ge=
schrei und Geklatsche und Gezische auf den
Gallerien, von der Bühne herabsteigen muß=
ten, über die Bänke hinrollten und fortgeschleu=
dert wurden; den Beinamen unsers Thetfordi=
schen Zöllners, (Paine) des Punchinello im
Konvente, nicht zu vergessen.

Sollte Frankreich noch jemals den herr=
lichen Zeitpunkt wieder erleben, da es seine
Regierungsform ohne Todeskämpfe verbessern
könnte — es war einst so glücklich, ihn zu
sehen, und — verlohr ihn, oder sollte irgend
ein andres großes Reich, das viele Arme in
sich faßt, einen solchen Augenblick erreichen,
so ruft ihm die Erfahrung zu: **Nehmt die
brittische Konstitution!** nicht, weil
sie in der Theorie die beßte, sondern, weil
sie praktisch gut ist. Aber hütet euch ja recht
sorgfältig, daß ihr diese Konstitution nicht
misversteht, und euch nicht einbildet, es liege
auch in ihr die verderbliche Volksrepräsentation
zum Grunde: denn bei diesem Irrthume würde

die Einführung der brittischen Freiheit bald Stiftung der französischen Anarchie werden.

Meine Schlußfolge kann ich in wenigen Zeilen zusammendrängen: — Groß ist jetzt wahrlich unsre Gefahr; nur durch unabläßige Vorsicht und Thätigkeit können wir uns davor bewahren. Wendet jene Vorsicht an, zeigt diese Thätigkeit durch eine vernünftige Aufrechthaltung der Administration, auf welcher jetzt unsre ganze Wohlfahrt beruhet. Es ist keine Frage mehr, ob ihr Freunde oder Gegner dieser Administration seyd; ihr seyd ja gewiß Freunde des Lebens und Eigenthums eurer Mitbürger. Tretet zu eurer Nothwehr gegen jene Banditen, Gurgelschneider und Jakobiner, in enge Bündnisse zusammen; verbündet euch aber noch enger gegen einen **heimlichen** Feind, die Freunde der Reform, der deswegen auch noch gefährlicher ist, als jene —. gegen die Zusammenrottirer, welche den Baum der Freiheit und Gleichheit aufpflanzen wollen; gegen die Marktschreier, die mit französischen Wunderarzneien und mit Birminghamer Dolchen zur Abwürgung unsrer Konstitution handeln.

Waffnet euch gegen diese verrätherischen Anfälle durch eine feste Entschlossenheit; fordert einstimmig die Regierung auf, durch kräftige und entscheidende Gesetze die Klubs der Empörung, die Associationen unsrer sich so nennenden „Konstitutionslehrer", unsrer „Freunde" zu unterdrücken, denn ihre Lehren sind Grundsätze der Anarchie und ihre Freundschaft würde, wenn ihre Meinung das Uebergewicht erhalten sollte, mit unserm besten Blute den englischen Nationalkonvent befestigen, den uns jene Gesellschaften noch vor Kurzem angedrohet haben *).

*) Ich weiß nicht, was andre dabei fühlen, wenn sie die Verzeichnisse der Gesellschaften von Jakobinern, Reformatoren, Konstitutions- und Preßfreiheitsfreunden lesen. Mir kommen sie halb läppisch und halb verächtlich vor. Es gibt da ein seltsames Gemisch von Reden, Trinken und Singen; man weiß nicht, ob man sie eigentlich als Verräther betrachten und nach dem Tower, oder als Wahnsinnige, und nach Bedlam, oder als Ruhestörer, und in die Wache schleppen soll. Auf dem Erdenrund ist und war nie eine Regierung ausser der unsrigen,

die Versammlungen verstattete, die den offenbaren Zweck hatten, sie zu vernichten, die darauf ausgehen, ihre Unzufriedenheit laut zu Tage zu legen und das Volk eben so unglücklich zu machen, als sie selbst sind. Bei den Namen, die sie sich einander geben, und bei den Gesundheiten, die sie ausbringen, sollte der Zuschauer denken, daß unser Reich einstweilen im tiefsten Ruin läge und daß die Freiheit des Volks ein Spott der Tyrannen geworden wäre. — Er würde sich einbilden, die Presse hätte unter einer Aufsicht gestanden, die aber durch einen einzelnen Eifrer aufgehoben wäre: das Volk verdankte alle seine Rechte einem Zweiten, die ganze Repräsentation im Parlamente hinge von den Lippen eines Dritten, und das Eigenthum der Engländer würde unfehlbar von der Accise verschlungen werden, wenn sich nicht ein Vierter dagegen setzte. Achtete er auf die gehaltenen Reden, so würde er zu seinem Erstaunen wahrnehmen, daß das englische Volk seine Glückseligkeit keineswegs der Regierung verdankte, sondern daß man es nur mit Glückseligkeit täuschte, daß es ein Schlachtopfer wäre, welches die glänzenden Eroberungen der irrländischen Reformatoren mit neidischen

Augen ansehen müßte. Ein solcher Zu=
schauer würde nur ohne Bekanntschaft mit
Thatsachen sicher schließen, die Engländer
wären unglücklicher, als alle Nationen der
Welt und besonders als die französische. Es
ist zuweilen angenehmunterhaltend, im
Geiste Staatsämter auszutheilen! — wir
wollen uns einmal denken, einer von diesen
Rednern wäre Staatssekretär, ein andrer
Sekretär des Staatssekretärs, ein andrer
Schatzmeister der Marine, ein vierter Zahl=
meister, ein fünfter Kriegssekretär, ein
sechster Attorneygeneral. Wie würde es in
einem solchen Falle mit dem vorgeblichen
Ruin des Reichs aussehen? Ach! wo wür=
den die Rechte der Presse, die Rechte des
Volks, die Rechte der Repräsentation, die
Rechte der Nichtaccise bleiben? Ein Zauber=
stab ist über unsre Insel geschwungen, gleich
den Dämpfen des leichten Nebels verfliegen
unsre Uebel; der Himmel klärt sich auf, —
Sonnenschein überall! Das ist keine Muth=
maßung aus Theorien, es ist Thatsache
aus tausend Experimenten hergelei=
tet; es ist Geschichte, Erfahrung und
jedes Menschen Leben.

Krieg oder Frieden?

Die öftere und lange Erfahrung von den Uebeln des Kriegs, muß jeden Nachdenkenden zu einem Feinde desselben machen, die Ueberzeugung erregen, daß anjetzt sowohl als zu jeder andern Zeit dasjenige System der Politik am meisten empfohlen zu werden verdient, welches uns die längste Dauer des Friedens während der nächsten funfzig Jahre verspricht. Dies sollte sich billig der Staatsmann zur ersten Regel machen. Und wenn wir nur eine Aussicht hätten, uns dadurch einen dauerhaften Frieden zu verschaffen, daß wir alle Feindseligkeiten jener neuen Zerstörer des menschlichen Geschlechts zu vermeiden suchten, so wollte auch ich mit meiner schwachen Stimme in unsre Minister dringen, einen solchen Frieden mit der ämsigsten Sorgfalt fest zu halten. Aber wenn auf der andern Seite, Frieden zu erhalten, nichts anders ist, als Schwerdter wetzen, Zeughäuser anfüllen und Grundsätze aussäen, die man denn im Kurzen,

mit zehnfältiger Gewalt gegen uns anwenden
würde; sollte, was noch schlimmer ist, als
dies alles; sollte der Friede jetzt ein Mittel
werden, verderbliche Grundsätze selbst unter
uns auf die versteckteste Weise einzupflanzen,
und zur Reife zu bringen, wenn dieses, sage
ich, die Früchte des gegenwärtigen Friedens
seyn sollten, so muß es einem jeden verständi-
gen Mann vollkommen einleuchten, daß uns
in der jetzigen Krise ein kriegerisches Jahr,
zehn Friedensjahre für die Zukunft sichern
wird, und daß folglich gerade das System
eines daurenden Friedens, einen gegenwärtigen vorübergehenden Krieg erfordert.

Wir befinden uns gegenwärtig in einer
ganz besondern Lage, und unter einem Zusam-
menflusse von Umständen, der sehr selten statt
finden kann. Fast bei allen vorhergehenden
Kriegen, worin unser Vaterland seit seiner
Revolution verwickelt war, sah unsre Regierung, oder auch die Oppositionsparthei, bloß
auf ihren eignen Vortheil, selten auf das Beste
der Nation. Der Krieg von 1744. hatte gar
keinen Zweck, und kam durch das Geschrei,
welches die Opposition im Parlamente gegen

Sir Robert Walpole erhob, zum Ausbruche. Der Krieg von 1756. ward bloß des Handels wegen zur Erhaltung der Kolonien geführt. Der amerikanische Krieg sollte jene Kolonien wieder zum Gehorsam bringen; er war theils Handels= theils Regierungs= und theils Volkskrieg.

Diesen drey Kriegen verdanken wir beinahe unsre ganze Nationalschuld, und doch waren sie nach richtigen politischen Grundsäzzen übel ausgesonnen, und hätten wohl vermieden werden können. Das, was man dadurch erreichen wollte, war nicht den hundertsten Theil so viel werth, als das, was man dabei erst aufopfern mußte, und nun verwandte man gar schon so unverhältnißmäßig viel auf bloße Versuche, jenes zu erhalten! Wäre die Sache, warum es uns jetzt zu thun ist, nicht wichtiger; Gott behüte, daß alsdenn ein ehrlicher Mann dem Kriege das Wort reden sollte! Wenn die Franzosen sich bloß auf die Einrichtung ihrer innern Regierung eingeschränkt hätten, was würden wir alsdann bey ihren Verhandlungen zu thun gehabt haben? Nichts. Weder ihre Regierung, noch ihre Anmaaßungen konnten uns bekümmern. Ob ihr System philosophisch oder atheistisch oder metaphysisch war; ob sich ihr Parlament in einem, oder zwey Häusern versammelte; ob sie Menschenrechte, oder Menschenbeeinträchtigungen suchten, das galt uns alles gleich, und daher war auch unsre Regierung, was ihr sehr zur Ehre gereicht, nur bloß Zuschauer dabei, doch aber mehr freundschaftlich, als feindlich gesinnt.

Als nun aber die neue Revolution vom 10ten August andre Grundsätze auf die Bahn brachte; als die Republikaner, in dem Sturm, welchen sie selbst erregt hatten, aufstanden, und Herolde solcher Maximen wurden, die alle Regierungen um sie her offenbar befehdeten*); als sie ihnen würklich in dem berüchtigten Dekret, das den Rebellen Beistand versprach, die sich nach französischer Freiheit sehnten, den Krieg ankündigten; als man fand, daß diese feindseligen Erklärungen, die mit je-

---

*) „Die Freiheit soll aus Europa vertilgt werden, oder unsre Grundsätze sollen überall triumphiren." Addresse des Konvents an die vereinigten Staaten.

dem Siege, den ihre Waffen erfochten, übermüthiger wurden; als man sich auf die ämsigste, frechste und kränkendste Art unsrer Faktionen und Mißvergnügten annahm, und das in einem Tone und auf eine Art, die eben so hinterlistig als gefährlich war: als alle diese Umstände zusammengenommen, unsre Regierung mit der äussersten Unruhe erfüllten, welch ein Ausdruck des bittersten Tadels wäre alsdann hart genug gewesen, für ihre Verschuldung, falls sie anders gehandelt hätte, als sie gegenwärtig würklich gethan hat?

Es ist nicht die Frage davon, ob wir Krieg oder Frieden haben wollen? sondern nur, ob wir im Jahre 1793. oder im Jahre 1796. Krieg haben sollen? und ob wir mit einem Feinde, der auch von andern zugleich nachdrücklich angegriffen wird, oder mit eben dem Feinde, wenn er erst andre besiegt hat, den Krieg führen sollen? Soll er jetzt in St. Domingo und Martinique oder einst in Irrland und Sussex geführt werden?

Diejenigen, die uns überreden wollen, daß wir in diesem Kriege, wegen der Stärke und Kraft des **republikanischen Frankreichs**,

Gefahr laufen, gründen sich dabey nur bloß auf Vermuthungen. Nach allem Anschein aber, worauf sich eine vernünftige Muthmaßung bauen läßt, sind jene Vermuthungen ungegründet. Die Gefahren, die uns jetzt bedrohn, drohn auch Frankreich. Wahr ist es, es gibt da Redner, die dem Volke einreden, es sey unüberwindlich. Prüft man aber die Umstände, worauf sich die Stärke dieses Volks gründet, genauer, so muß der vernünftige Mann solche Prahlereien belächeln.

Cloots sagte am 5ten Jan.: „Bedarf „es zum Solde unsrer Truppen wohl „des Geldes? Unsre Erndten und „Weinlesen, unsre rohen Produkte und „Manufakturwaaren, werden diese alle „wohl deswegen in geringerm Ueber- „flusse da seyn, weil eine Krone von „6 Livres, mehr oder weniger gilt, als „eine Krone in Assignaten? Die Fran- „zosen werden genährt, gekleidet, be- „herbergt, gewärmt, bewaffnet, ihr „Lager beziehn, so lange wir noch ei- „nen fruchtbaren Boden haben, und „unsre Länderei ist seit dem Anfange

„des Krieges weit fruchtbarer ge„worden."

Dies sind die wundersamen politischen Faseleien des Redners der **Ohnehofen**, nach dessen wohlgeordnetem System des Naturrechts, Niemand noch menschlich zu heißen verdient, der eine Hose bezahlen kann. Eine solche mit Beifall aufgenommene Rede beweiset hinreichend, worinn die Hoffnung und Hülfsquellen des Konvents bestehn. In Auvergne gibt es ausserordentlich fruchtbares Land: daher wird er in Flandern den Feind wacker aus dem Felde schlagen. Die Ufer der Garonne geben ihm reichliche Hanferndten, daher werden seine Flotten dem Tippo Saib wesentliche Dienste leisten. Könige gebrauchen Geld, Republikaner aber wissen füglich ohne Geld fertig zu werden! — Unter solchen Ideen werden die allerersten Züge, die ersten Anfangsgründe der Politik, gänzlich niedergetreten. Eben dieser Redner, dessen Seelenkräfte nicht weiter reichen, als es nöthig ist, um eine Fülle von Unsinn hervorzuströmen, spricht auch mit andern Mitgliedern jener höllischen Versammlung, von einem Frankreich, was sich aufmacht, und an die Gränzen rückt. Unmöglich kann ich mir einbilden, daß in unserm aufgeklärten Vaterlande auch nur Einer so kurzsichtig seyn sollte, um sich durch jenes alberne Geplaudre beschwatzen zu lassen.

Eine oder zwei Bemerkungen werden jedoch hier angebracht seyn: nicht sowohl, um den französischen Redner zu widerlegen, als vielmehr, um den Grund unsrer Nationalstärke in ein helleres Licht zu setzen.

Nach ihren eigenen Angaben darf ich ihre ausserordentlichen Hülfsquellen aus der Plünderung der Krone und der Geistlichkeit ungefähr auf vier Milliarden Livres, das ist auf 175,000,000 Pfund Sterling, setzen. Ihre lezten Berichte geben den Werth der Besitzungen von 70,000 Emigrirten auf 4,800,000,000 Livres, an. Hiernach beliefe sich also Cloots sicherer und natürlicher Nationalwohlstand, der Reichthum des fruchtbaren Bodens und der Erndten, auf eilf Milliarden, oder 350,000,000 Pfund Sterling. Ausserdem haben die Emigrirten, wenn man den Angaben trauen will, 600,000,000 Livres, oder 25,000,000 Pfund Sterling jährlicher

Einkünfte gehabt. Und was gewann man bei diesem Allen? — Daß man die Assignate bis auf 3000,000,000 Livres (131,000,000 Pfund Sterling) anhäuft, und ausserdem bis auf diese lezten Tage noch für 800 Millionen Livres übervollzählige im Umlauf sezte, das ist — noch für 36 Millionen Pfund Sterling!!! Das steht im offenbarsten Widerspruch mit der Lehre jenes vortrefflichen Politikers! Keine Regierung in der Welt gelangte jemals zum Besitze, oder vielmehr zur Diebesbeute eines so ungeheuren Reichthums; und dennoch ist er für die Franzosen so unbedeutend, daß sie sich nach einem einzigen, noch dazu sieghaften Feldzuge nothgedrungen sehn, auf 3000,000,000 Assignaten, 800,000,000 oben darein folgen zu lassen. Papier! Papier! und — weiter nichts!

Sie haben drei Viertheil alles gesegneten Landes, aller reichlichen Erndten von Frankreich in den Händen, und sind dennoch so arm, so zerlumpt, so hungrig, daß die Register der Nationalversammlung halb mit kläglichen Flehen nach Kleidern und nach Brodt, mit Klagen über Hungersnoth, angefüllt sind. —

Eine Nation ohne Brodt! Armeen ohne Hosen!

So stehen die Sachen. Die Franzosen waren zu unwissend, (und es gibt auch in England einen Lord, welcher derselben Meinung ist) um vorherzusehen, daß es unausbleiblich dahin kommen werde, und jener Redner des menschlichen Geschlechts, Cloots, bleibt trotz aller Erfahrung, noch immer unwissend. Er hätte doch bedenken mögen, daß ein fruchtbarer Boden und ein Wohlstand, den man in Rücksicht auf die innere Konsumtion solide und wesentlich nennen kann, in einem Kriege, nur vermittelst einer zirkulirenden Münze, die so viel gilt, daß sie die Bedürfnisse herbeischafft, in Würksamkeit gesetzt werden kann. Ehe von den 800,000,000 ein einziger Livre in Umlauf kam, brachten die Assignate eine Theurung übers Land, und erhöheten den Preis des Weitzens auf 50 Livres für den Sack, oder auf 100 Livres, das ist auf 4 Pfund Sterling 7 Schillinge 6 Pence, für ein Quarter; die letzte Assignatenfluth wird diese Theurung noch vergrößern und eine Stockung in alle Regierungsgeschäfte bringen. In vielen Theilen des Reichs soll große Unzufriedenheit und sogar ein Aufstand ausgebrochen seyn. Was wird es nicht werden, wenn man in den nächsten Feldzügen, auf jene ungeheure Menge von zirkulirenden Unglückspapieren, noch neue Summen häuft; wenn man alle Adern des Staatskörpers nicht mit Blut, sondern mit Gift, anfüllt?

Man wird bald sehen, was man von dem fruchtbaren Boden des Landes, an den Ernbten und Weinlesen hat, wenn die silbernen Flügel, die ihren Ertrag mit belebender Kraft an die Gränzen begleiten müssen, mit 100 Procent Verlust erst in Papier verwandelt werden. Nur Abgaben, die in baarer Münze oder in Geldeswerth bezahlt werden, setzen die Nation in den Stand, ihren innern Reichthum zu benutzen. Wenn sie bei eilf Milliarden, ihres natürlichen Reichthums bettelarm blieb, weil es ihr am Gelde mangelte, so ist das Experiment zuverlässig zu Ende, was auch immer die Politiker des Konvents dagegen einwenden mögen.

Der Zweck des Krieges ist ein dauerhafter Friede, wozu man nicht anders gelangen

kann, als durch die Zerstörung der Bande von
Reformatoren, die sich nicht damit begnügen,
an der Grundlage der Regierung ihres Vaterlandes zu pfuschern, sondern auch als Herolde
der Verbesserung und als Feinde gegen alle
ihre Nachbaren auftreten: bei diesem großen
Zwecke, bey diesem Grundsatze der Selbstvertheidigung, der uns zum Kriege anreizt,
kömmt es zunächst nicht darauf an, was wir
sogleich durch unsre Waffen erobern. Indessen haben auch hier unsre Aussichten nichts
Beunruhigendes: die westindischen Besitzungen von Frankreich, befinden sich in einer solchen Lage, daß nur eine englische Flotte erscheinen, und der Bewillkommung unsrer dortigen
Freunde entgegensehen darf. Die Menschenrechte und Gleichheit hatten dort einen allzu-
zerstörenden Einfluß, als daß man noch länger
auf ihre Lockungen hören sollte, wenn nur erst
die Flagge der wahren Freiheit in jenen Ge-
wässern geweht haben wird; das ahndet auch
der Konvent selbst; er sucht sich für die Furcht
vor seinem Verlust durch die Idee schadlos zu
halten, daß er Peru frei machen will.

Liegt in der Darstellung, die ich von unsrer Gefahr gegeben habe, etwas Wahres, ist der Umfang jener Gefahr im Innern unsers Vaterlandes so groß; werden wir zu dem Kriege mit Frankreich nicht durch Ehrgeiz oder aus Eroberungssucht bewogen, sondern wird derselbe vielmehr bloß zur Erhaltung unsers Lebens und Eigenthums, gegen fremde und einheimische Feinde, die sich zu unserm Untergange verschworen haben, geführt; so ist es auch wahrlich gegen jeden Mann, der es gut mit seinem Vaterlande meint, Pflicht, der Regierung Kraft und Nachdruck zu geben, wovon wir allein Vertheidigung und Sicherheit erwarten können; und das durch so viel Einmüthigkeit, als uns unsre Gegner nur immer erlauben; eine jede Idee von Veränderung, Verbesserung, Milderung zu misbilligen, zu verwerfen, innigst zu verabscheuen, wenn es in einer so gefährlichen Krisis darauf abgesehen ist, die Konstitution anzutasten, der wir unser Glück verdanken, und die dem französischen Jakobiner so gehässig ist, so ist es Pflicht für uns, daß wir uns, ein Jeder für sich, mit vollen Kräften, mit aller Stärke beeifern, die Absichten der Regierung zur nachdrücklichen Fortsetzung des Krieges zu unterstützen, durch welchen wir allein eine Fortdauer des Segens erwarten dürfen, den wir als Britten genießen.

Unsre Regierung ist in ihren Verfügungen zur Sicherheit des Reichs so väterlich sorgsam für die kostbarsten Vortheile des Volks, daß sie ihr die Liebe und Verehrung der Nation verschaffen müssen. Der glückliche Erfolg ihrer Unternehmungen hängt nächst Gott davon ab, daß das Volk die Bürden, welche die Nothwendigkeit des Krieges ihm auferlegt, mit Geduld und Bereitwilligkeit trage. Es muß überzeugt seyn, daß der Krieg nicht nur gerecht, sondern schlechterdings, und zur Erhaltung alles dessen wesentlichnothwendig ist, was das Leben wünschenswerth macht: zur Erhaltung der häuslichen Ruhe und Sicherheit, der Sicherheit des Lebens und Eigenthums. Alsdenn wird es seine Abgaben, als die Aufopferung einer Kleinigkeit zur Erhaltung des Ganzen ansehen.

Ich bin schon so alt, daß ich mich noch ganz deutlich des Krieges von 1756. erinnere, und daß ich Bemerkungen, sowohl über diesen, als über den amerikanischen Krieg anstellen konnte. Ungeachtet ich damals fühlte, was jeder Engländer für den Ruhm der Waffen seines Vaterlandes empfinden muß, so machten doch die Begebenheiten keinen tiefen Eindruck auf mein Herz. Ich war dabey für meine Person nicht im Mindesten besorgt; bey dem gegenwärtigen Kriege ist mir nichts gleichgültig.

Die schnellen Eroberungen der Franzosen erfüllten mich mit Bangigkeit und Betrübniß. Ich sah mit Schrecken den Hochmuth unserer Jakobiner dadurch anschwellen; ich bemerkte das planmäßig ausgesonnene Unheil; und fühlte, daß alles das ins Gedränge kam, was mir bisher das Leben theuer machte. Die neuesten Begebenheiten, die einen glücklichen Wechsel hoffen ließen, belebten meinen Muth von neuem. Mein Haus wurde nun wieder eine sichrere Burg für mich: ich betrachtete mein Landgut wieder mehr als mein Eigenthum; ich fühlte, daß der Boden unter meinen Füßen fester wurde, und daß die Sonne der brittischen Freyheit nun wieder

in reinem Glanze, ungeröthet durch Gräuel,
thaten, heraufleuchten konnte. Was küm,
merten ehedem die Siege in Hessen, oder
die Niederlagen in Amerika, einen Landwirth
in Suffolk? Sieg oder Niederlage, beides
galt ihm, für seine Person, gleich.

Nicht so bei den gegenwärtigen Feindse,
ligkeiten, die für jedes Menschengefühl höchst
merkwürdig sind, die **ganz eigentlich hei,
lige Angelegenheit eines jeden Men,
schen werden müssen;** da uns eine Nie,
derlage, unsers väterlichen Erbtheils, unsrer
Freunde, unsres Lebens, unsrer Kinder berau,
ben, das Vaterland für uns in einen Kerker
verwandeln, und die Hand desjenigen, den er
vielleicht selbst bisher durch Wohlthaten un,
terstützt hatte, zum Plündern und Morden
bewaffnen würde.

Wer sein Eigenthum nicht für sicherer,
sein Leben und seine Familie nicht für glück,
licher bei jedem Siege hält, den man über
die Rotte jener mörderischen Bösewichter, die
Frankreichs Regierung an sich gerissen haben,
erkämpft, dessen Herz schlägt nicht wie das
meinige. Der jetzige Krieg ist ein Krieg der

Menschheit gegen die Räuber und Zerstöhrer der Erde, und es ist ein scheuslicher Anblick, zu sehen, daß Männer und selbst Bürger unsres glücklichen und segensvollen Vaterlandes, durch niederträchtigen Ehrgeiz, oder durch Armuth und Elend berückt, Verwirrung, und Raub, nur als die Quelle der Macht, und diese als süße Früchte der Anarchie betrachten; bei Siegen, die den Busen eines jeden Redlichen mit Entzücken erfüllen, murren, und bei Niederlagen aufjauchzen, die für die ganze Menschheit so unglücklich sind.

Die Siege des gegenwärtigen Krieges müssen die Freyheit auf der festen Grundlage der brittischen Konstitution befestigen, müssen unser Eigenthum unter den Gesetzen, und unser Leben unter der unpartheiischen Obwaltung einer tadellosen Justiz schützen und schirmen. Aber was bringen uns Niederlagen? laßt das französische System sich festsetzen, und — die Sonne der englischen Freiheit geht unter — alles, was unser Leben Süßes und das Eigenthum Anziehendes für uns hat, flieht davor, als vor der Pest; Plünderung, Raub und Blutvergießen sind in seinem Gefolge.

Anhang.

Alle Repräsentation, die in England in alten Zeiten statt gefunden hat, bezog sich auf das Eigenthum, nicht auf die Volksmenge. Dr. Squire (nachmaliger Bischof von St. Davids) sagt in seinen Untersuchungen über die englische Staatsverfassung: „die oberste Gewalt in „den Mycelgemotes oder Folkmote ruhete bei „den freien Landeigenthümern. Das Wit„tenagemote, bestand aus den Begleitern des „Königs (Comites regii) oder Thanen, den „Befehlshabern über Provinzen, Bischöfen, „und hoher Geistlichkeit, welche großes Eigen„thum besaß. Ein Ceorl konnte nicht vom „Könige zum Thane erhoben werden, wenn „er nicht fünf Hufen (hide) Land besaß." Eine solche Hufe bestand aus 500 bis 600 Morgen (Acres).

Der neueste und vielleicht beste englische Geschichtschreiber, Henry, ist gleicher Meinung mit allen andern, die nicht von Vorurtheilen geblendet sind, und behauptet: „Ein „Ceorl sey, sobald er fünf Hufen Landes mit

„einer Kirche nebst Klocke, und einem zugehö-
„rigen Wohnhause besaß, zum Thanen oder
„Edlen erklärt, und habe in Wittenagemote
„seinen Sitz erhalten. Jene Bedingungen
„wurden nach und nach erhöhet und unter
„Edward Confessor auf vierzig Hufen gesetzt."
(S. Henrys Geschichte im 3ten Bande. Wil-
kins Leges Saxon. p. 70. Hist. Eliensis
cap. 40.) Andre haben sich zwar viel Mühe
gegeben, zu beweisen, daß die Ceorles oder
geringern Landeigenthümer in der Person ihrer
Zehentner (Vorsteher von zehn freien Höfen)
Stellvertreter im Wittenagemote gehabt; und
daß die Einwohner der Handelsstädte durch
ihre Aldermänner oder Burgvorsteher repräsentirt wurden: allein es fehlt an historischen
Beweisen. (Tyrels Einleitung p. 95. Squire
244.) Doch ist es höchst wahrscheinlich, daß
manche Ceorlen und Burgbewohner aus dem
Orte oder der Nachbarschaft des Orts, wo das
Wittenagemote gehalten ward, Zuschauer abgaben, und bei den Entschlüssen der Versammlung, ihren Beifall durch lautes Rufen zu erkennen gaben. Bei einigen großen Gelegenheiten war dieser Zulauf von Zuschauern sehr

ansehnlich, und wird in den alten Geschicht-
büchern erwähnt, mit dem Ausdrucke, omni-
que populo audiente et vidente, aliorum-
que fidelium infinita multitudo qui omnes
laudaverunt. (Das ganze Volk sahe und
hörte zu, und ein großer Haufen andrer Ge-
treuer bezeugte seinen Beifall.) Diese Versammlungen wurden nemlich oft in freier Luft
in einer großen Ebne gehalten. (Spelmann, in
voce Concil. Henry.)

Dr. Brady hat sich die Mühe gegeben,
alle Nachrichten zu sammeln, die in alten
Chroniken von den großen Versammlungen der
Nation, oder Parlamenten während der Zeit
der Sachsen, enthalten sind, und sehr deutlich
gezeigt, daß das gemeine Volk oder die Einwohner der Burgflecken nie Abgeordnete zu demselben schickten, und daß dieselben auch nicht
im Besitze solcher Freiheit, und in solchem
Zustande waren, daß sie hätten Repräsentanten zu einer solchen Versammlung schicken
mögen. Heinr. Spelmann hat die Verfassung
von hundert Parlamenten, die von der Zeit
der Normännischen Eroberung bis zu dem
49sten Jahre der Regierung Heinrich des 3ten

gehalten worden sind, genau untersucht, und gefunden, daß die Burgen oder Städte nie darin repräsentirt worden sind. W. Dugdale und alle andere Schriftsteller, welche die Sprache der Zeiten und der Alterthümer des Landes kennen, und ein gesundes uneingenommenes Urtheil haben, kommen mit ihm hierin überein. (Carte Vol. II. p. 257.)

Wenn ein Haus der Gemeinen während einer langen Periode von zweihundert Jahren, die zwischen der Eroberung durch die Normänner und dem Ende Heinrichs des 3ten verstrichen ist, und so reich an Faktionen, Revolutionen, gewaltsamen Zerrüttungen aller Art war, sich nicht durch eine einzige Akte, die wichtig genug gewesen wäre, von einem aus dem großen Haufen von Geschichtschreibern der Zeiten erwähnt zu werden, als Gesetzgeber bewiesen: so muß es wohl höchst unbedeutend gewesen seyn: und wenn das ist, warum soll man denn annehmen, daß es überall versammelt worden? Kann man wohl glauben, daß Männer, die so wenig Gewicht und Ansehn hatten, ein Recht besaßen, die Beschlüsse des Königs und der Barons durch

Verweigerung ihrer Einwilligung aufzuhalten? Jede Seite der spätern Geschichte enthält Spuren von der Existenz eines Hauses der Gemeinen in diesen folgenden Zeiten: obgleich deren Geschichtschreiber den ältern an Genauigkeit kaum gleichkommen. Die Magna Charta des Königs Johann setzt fest, daß weder vom Lande, noch von Städten, Geldsauflagen (Scutage oder Aids) erhoben werden sollen, wenn der hohe Rath nicht eingewilligt habe: und zu größerer Sicherheit werden die Personen, welche ein Recht haben, in diesem hohen Rathe zu sitzen, ausdrücklich benannt: es sind die Prälaten, und die unmittelbaren Kronlehnsträger; der Gemeinen wird gar nicht gedacht. Dies ist ein so vollgültiger und klarer Beweis, daß nichts als die Versblendung des Partheigeistes einer entgegengesetzten Hypothese, Anhänger verschaffen kann. (S. Hume Vol. II. p. 119.) Lord Littleton ist so parthetisch, daß er gegen diese Zeugnisse eine Bittschrift von St. Albans aufstellt, die sich auf ein früheres Recht beruft: bekennt aber selbst, daß diese Bittschrift zwei grobe Unwahrheiten enthalte. Ein schöner Beweis für die Existenz eines Unterhauses, der sich auf eine Erklärung einiger Worte in einer für lügenhaft erkannten Bittschrift stützt: und das geradezu gegen die ausdrücklichen Worte der Magna Charta!!

Als nächstdem Stellvertreter der Grafschaften eingeführt wurden, so hatte anfangs doch niemand das Recht, bey der Wahl derselben mit zu stimmen, als diejenigen, welche verpflichtet waren, beym Grafschaftsgerichte zu erscheinen: das ist, solche, die unmittelbar von der Krone zu Lehn gingen: denn alle Hintersassen der Kronlehnsträger waren ihren Lehnsherrn zu Hofe verpflichtet. Durch die schändliche Nachlässigkeit der Landedelleute ist diese alte Verfassung abgeändert. Sie ließen sich nemlich Privilegia ertheilen, durch Abgeordnete, und nicht in Person zu erscheinen. Es ist eines von den Mitteln, wodurch Simon von Montfort Graf von Leicester, sich um die Gunst der Landedelleute bewarb, daß er dieses Privilegium ganz allgemein machte. Sie schickten nunmehr mehrentheils einige ihrer eignen Leute, welche auf diese Art auf den

Grafschaftsgerichten erschienen (wozu sie für ihre eigne Person kein Recht hatten, wurden daher auch in der Folge zu Geschwornen ernannt, u. s. w.). Dennoch ist es nicht wahrscheinlich, daß diese Hintersassen an den Wahlen der Repräsentanten der Grafschaften (Knights of the Shires) Antheil hatten, bis zu dem tumultuarischen Parlamente im ersten Jahre Heinrich des 4ten: und daher rührte die Klage des Unterhauses, daß eine ungebührliche und ungemeine Menge Menschen ein Recht, mit zu wählen, prätendirten. *) Heinrich der 4te glaubte, diese Hintersassen wären ihm zu seinen Absichten geneigt, und es ward ihnen im 7ten Jahre seiner Regierung das Recht zu wählen, förmlich ertheilt. Dieses ist die erste Akte der Art, die jemals gemacht worden; vorher beruhete das Recht der Wahlen immer auf dem Herkommen: und jene Akte ward in derselben Parlamentssitzung gemacht, in welcher er sich anmaaßte, durch eine andre Neuerung die Erbfolge der Krone abzu-

---

*) Stat. 8. Henr. VI. cap. 7. 7. Henry IV. cap. 15. 6. Henr. VI. cap. 4. 10. Henr. VI. cap. 2.

ändern; gleich als ob es eines neugemodelten Parlaments bedurfte, se'ne Usurpation zu unterstützen. (Carte 2ter Band, p. 699.) Was wird denn nun aus der Vorstellung eines neuen Reformators, der behauptet, das Statut Heinrich des 6ten, im 8ten Jahre seiner Regierung, habe Neunzehn Zwanzigtheilen des Volks ihr Recht genommen: da es doch vielmehr so vielen Personen neue Rechte ertheilt hat?

Der Ursprung der Repräsentanten der Grafschaften (Knights of the Shire) ist also, wie Carte bewiesen hat (dessen 2ter Band S. 250. gleichfalls nachzusehen ist), aristokratisch gewesen: die Repräsentation ist bloß dazu eingeführt, die geringern Barone von der Beschwerde zu befreien, die es ihnen verursachte, im hohen Rath zu erscheinen. Diejenigen, welche das Wahlrecht besaßen, hatten auch das Recht, in Person zu erscheinen, und baten, davon dispensirt zu werden. Es war eine Reihe von Misbräuchen und der ursprünglichen Reinheit der Verfassung ganz entgegengesetzt, daß dies Wahlrecht, zuerst auf Männer, welche nicht unmittelbare Kronslehnsträger waren, ausgedehnt, und endlich allen denen, welche freies Land von 40 Millionen Einkünften besaßen, mitgetheilt ward. Ich habe Lord Littletons Bemühungen, das Gegentheil zu erweisen, (in seinem Leben König Heinrichs des 2ten im dritten Bande) aufmerksam gelesen, und finde, daß Hume sie (im 2ten Bande seiner Geschichte S. 509.) mit seiner gewöhnlichen Deutlichkeit und Faßlichkeit widerlegt hat. Je höher man in der Geschichte hinaufgeht, destomehr weiset alles in unsrer Verfassung auf Rechte der Krone, und auf eine von der Krone erschaffne und abhängige Aristokratie hin. Wo soll denn nun die ursprüngliche Reinheit gesucht werden? Etwa in den Wäldern von Deutschland, (wo die Nation ihren ersten ursprünglichen Sitz hatte?)

Bei allen Streitigkeiten über den Ursprung eines Theils der gesetzgebenden Macht irgend eines Landes, ist es schon ein Grund gegen das Daseyn dieses Theils, daß noch darüber gestritten wird. Das onus probandi liegt also demjenigen ob, der voraussetzt, daß es zu gewisser Zeit bereits existirt habe. Es würde ein abgeschmackter Einfall seyn, die Existenz eines aristokratischen Wittenagemote vor den Zeiten der Eroberung, oder eines Hauses der Reichsbarone nach derselben, nur zu bezweifeln: denn jede Seite der Geschichtschreiber beweiset ihr Daseyn: und nachdem das Haus der Gemeinen errichtet war, zeigt sich ihr Daseyn auch deutlich genug in den Akten der gesetzgebenden Gewalt. Aber daß eine solche gesetzgebende Versammlung incognito existirt habe, das ist ein alberner Einfall: wenn es existirt, so zeigt es sich natürlicherweise bei tausend Gelegenheiten, und braucht nicht aus dem finstern Winkel dunkler Ausdrücke in vermoderten Dokumenten aufgesucht zu werden, von denen einige nur noch in Uebersetzungen vorhanden, und andre offenbar untergeschoben sind. Der Versuch, das Daseyn einer gesetzgebenden Versammlung auf solche Art zu beweisen, gibt schon starken Verdacht, daß es gar nicht vorhanden gewesen. Dergleichen Einfälle sind nur eines Lords Littleton würdig, der auch den Ausdruck omnes de regno aus dem barbarischen Lehnszeitalter, durch das ganze Volk des Reichs übersetzt: er hätte eben sowohl die Schweine mitrechnen können, als die Menschen, welche sie hüteten: denn in dem Zeitalter wurden sie beide ungefähr gleich geachtet. Wo er die Ausdrücke principes, satrapae, optimates, magnates, proceres findet, da setzt er dafür, das Volk: und durch solche Auslegungen, die dem Geiste und den Sitten des Zeitalters widersprechen, beweiset er, — nicht etwa eine kleine unbedeutende Nebensache, die der Natur der Dinge nach, eben sowohl dunkel als klar seyn mag: sondern die Existenz des Unterhauses! Unsre Reformatoren treten ihm gern bei, um daraus die ursprüngliche Reinheit der Verfassung zu beweisen, welche mitten unter dem Raube, Blutvergießen und Morde geblühet haben soll, welche den Füßen der Tartar Barone folgten; unter der Barbarei von Monarchen, die nichts als Oberlehnsherren waren, und leibeigner Landleute; in Scenen des Elends existirt haben soll, auf welche die lügenhafte Zunge jakobinischer Volksverführer hinweiset, als auf Zeiten die wünschens- und beneidenswerth wären.

In einer kleinen Schrift, die den Titel führt: **Die Barriere des Volks**, wird behauptet, daß die Gemeinen im Parlamente der Sachsen repräsentirt worden sind. Der Verfasser beruft sich dabei auf Sam. Johnson. Ich habe dessen Versuch über die zuverläßige Beschaffenheit der Parlamente vor mir: es steht darin viel von sächsischen Parlamenten, aber kein Wort, woraus folgt, daß sie so beschaffen gewesen sind: diese Parlamente waren bloß aristokratisch, und die Ausdrücke die man im **Spiegel der Gerechtigkeit** findet, welcher mehrentheils in Eduard des 2ten Zeiten geschrieben ist, und oft nicht für eine ursprüngliche sächsische Quelle gelten kann, geben keine bestimmten Begriffe. Le Roy assembler les comittés: le commun assent du Roy et de ses Countes. Dies soll also ausgelegt werden: Comittés und Countes bedeutet, Grafschaften, Grafschaften bedeutet die freien Männer darin, freie Männer bedeutet so viel als das ganze Volk; also ist zu den Zeiten der Sachsen jedermann im Parlamente repräsentirt worden. Wahrhaftig, eine schöne Auslegung, Herr Johnson! ein schöner Beweis, wie es zu den Zeiten der Sachsen, beschoffen gewesen. Darauf springt er zu Eduard dem Ersten über, und mögte nachher gern beweisen, daß ein sächsisches Folkmote, ein Parlament gewesen. Doch sagt er selbst, er wisse nicht recht, was ein Folkmote gewesen sey. Er gibt zu, daß Spelmans Glossarium das gelehrteste Werk der Art sey: und dieses beweiset geradezu gegen ihn, daß ein Folkmote nicht ein Wittenagemote gewesen. Richard des 2ten Krönungseid kann für keinen Beweis gelten. Man sehe nur Hume's ersten Appendix und Henry's Geschichte an mehreren Stellen nach. Die Thorheit und Abgeschmacktheit derer, die ein Haus der Gemeinen in dem Wittenagemote, und gemeines Volk im Gegensatze mit Freimännern (Freeholdes) in den Grafschaftsgerichten und Hundertgerichten suchen, wird dadurch ganz klar.

Auch in Ansehung der jährlichen Parlamentszusammenkünfte irrt man gar sehr. Blackstone ist ein Lieblingsschriftsteller mancher Reformatoren. Dieser sagt selbst, nicht, daß der König durch die alten Statuten vers bunden oder gar verpflichtet ist, ein neues Parlament alle Jahre zu berufen, sondern nur dem Parlamente zu verstatten, daß es alljährlich zusammenkomme. Johnson, der oben angeführt worden, macht ein eignes Kapitel, um zu beweisen, daß sie immer von frischen zusammenberufen worden: aber sein ganzer Beweis läuft auf die Nachfrage hinaus, wer denn die Kosten getragen haben wollte, wenn sie länger als vierzig Tage gesessen? Er sagt ausdrücklich: „die wahre Ursache ihrer „schleunigen Trennung sey gewesen, daß die „Kosten ihrer Sitzungen, wenn sie eine gewisse „Zeit überschritten, dem Könige zur Last „fielen." Dieses beweiset deutlich genug, warum so oft neue Parlamente berufen wurden, und widerlegt sein ganzes Kapitel.

Als das Haus der Gemeinen zu den Zeiten Karls des ersten, in der Bittschrift wegen der Rechte (Petition of Right,) einen Geschichtsbeweis ihrer eignen Würde und Antheils an der Gesetzgebung führte, und sich auf ein Statut Eduards des ersten berief, um zu beweisen, daß die Einwilligung der Ritter und Stadtdeputirten zur Erhebung von Taxen erforderlich sey, — würde man da nicht in der Geschichte höher hinauf gegangen seyn, und sich auf frühere Dinge berufen haben, wenn man im Stande gewesen wäre es mit Zuverlässigkeit zu thun?

Wenn man den Zustand der bürgerlichen Gesellschaft in den Zeiten der Angelsachsen, mit dem heutigen vergleicht, so wird es einleuchtend, daß die Macht der Aristokratie, die aus solchen Männern als Harold, Godwin, Leofric, Siward, Morcar, Edwin, Edric, und Alfric bestand, so groß seyn mußte, daß jede Einrichtung, die dem Volke einiges Gewicht verschaffen konnte, ein nöthiges, heilsames und rechtmäßiges Gegengewicht ward. Nach der Eroberung durch die Normannen ward die Krone allmächtig, und jene Maxime blieb ebenfalls wahr und gut: aber nachdem das Volk die Obermacht bekommen, seinen König auf das Blutgerüst gebracht, den hohen Adel unterdrückt hat, die Freyheit nächstdem fest gegründet und die Krone für jeden Schilling ihrer Einkünfte von dem Unterhause abhängig geworden, ist es da noch rathsam, auf ganz andre verschiedne Zeiten zurückzusehen, und eine Regierungsform, in welcher das Volk so viel Gewalt hat, noch populairer dadurch zu machen, daß man Gesetze herbeiholt, die vor 800 Jahren gut gewesen seyn mögten, wenn sie anders damals existirt hätten. Wenn man ein solches Raisonnement gelten lassen will, so muß man in der That nicht allein auf alle politischen Grundsätze, sondern auf alle Grundsätze des gemeinen Menschenverstandes Verzicht leisten. Die Faktionen unsrer Tage sagen: gebt uns unsre alten Gesetze, unsre alten Rechte. Haben die Krone und der hohe Adel nicht ein gleiches Recht, zu antworten: Nehmt sie hin, aber gebt uns gleichfalls das, was wir damals besessen? Jene Faktion macht es wie wahre Tyrannen, und freilich ist keine Tyrannei so arg, als die republikanische: sie kauft ihre Besitzungen zurück, behält die Waare, und fordert den Preis zurück. Wollt ihr euch dabei auf die Majestät des Volks berufen? Das mag in Frankreich gelten.

Wer noch einen Zweifel dabei hat, was unsre Reformatoren eigentlich im Sinne haben, der denke über eine Stelle, in der bereits erwähnten Schrift, die Barriere des Volks, nach. Der Verfasser streitet für ein allgemeines Recht jedes Einwohners, an den Parlamentswahlen Theil zu nehmen. „Durch „den Ausdruck, Repräsentanten," sagt er, „kann das eigne Recht der Gemeinen, des „ganzen Volks durchaus, nicht angefochten „werden; denn das Wort selbst beweiset schon, „daß sie ursprünglich alle Macht und Ansehen „besitzen." Dergleichen Behauptungen greifen das Ansehen der Repräsentanten in der Wurzel an. Es ist die nemliche Sprache, die die Gallerien im Nationalkonvente führen. Ein offenbares Bekenntniß, daß die Verfassung, nach der man ringet, nichts als Anarchie und Pöbelsregiment ist.

„Wenn" fährt dieser Schriftsteller fort, „ein Haus der Gemeinen existirt hätte, das „würklich vom ganzen Volke gewählt wäre, „hätte Karl der erste ein Tyrann seyn, Kroms„well Protektor werden, König Wilhelm die „habeas Corpus-Akte suspendiren können? „u. s. w." Hierauf ist leicht zu antworten.

Ein solches Haus der Gemeinen existirt jetzt würklich in Frankreich, und hat alle die Gräuel verursacht, die nur solchen Republikanern erträglich scheinen können. Das Experiment ist gemacht, und der Erfolg ist der Ruin eines Volks von 25 Millionen Seelen.

Blackstone sagt: es sey hinreichend, daß allgemein anerkannt werde, die heutige Verfassung des Parlaments sey in ihren Hauptzügen schon in der großen Charte Königs Johann im Jahre 1215. festgesetzt, als worin derselbe verspricht, alle Erzbischöfe, Bischöfe, Aebte, Grafen und große Barone in Person, und alle andre unmittelbare Kronlehnsträger durch den Sheriff berufen zu lassen. Sehr seltsam: Gerade diese Worte der Magna Charta beweisen das Gegentheil. Die unmittelbaren Kronlehnsträger gehörten zu dem aristokratischen Korps. Durch diesen Ausdruck wird alles ausdrücklich ausgeschlossen, was ein Bestandtheil eines Unterhauses seyn könnte. Wenn das beweisen soll, daß die Verfassung der Parlamente damals im Ganzen genommen schon eben so beschaffen war, als heut zu Tage, so haben Venedig und Graubündten im Ganzen genommen, auch die gleiche Verfassung.

Eine andre Stelle in dem Werke dieses berühmten Rechtsgelehrten verdient gleichfalls einer Erwägung. „Die zwei Häuser" sagt er, „arbeiten einander natürlicher Weise ihres „verschiednen Interesses wegen, in verschiednen „Direktionen gerade entgegen, und da die „Prärogative der Krone wieder auf einer „dritten Seite hinzieht, so treiben diese drei, „gleich mechanischen Kräften, die Maschine des „Gouvernements, in einer ganz eignen Linie „die von denen verschieden ist, die jede Kraft „für sich allein hervorgebracht hätte; und aus „diesen dreien entspringt und zusammengesetzt „ist: eine Linie, die die wahre Freiheit und „Glückseligkeit des gemeinen Wesens aus„macht." Ich verstehe gar nicht, was dieses alles eigentlich in Anwendung auf unsre Verfassung bedeuten soll. Drei einander entgegengesetzte Kräfte in der Mechanik heben alle Bewegung und Wirkung auf: die Maschine steht still. Das ist doch nicht der Fall bei Uns. In der Theorie scheint es wohl, daß wenn eine

Kraft überwiegt und die beiden andern entgegengesetzten ganz niederwirft, diese sich in
dem Augenblicke der Gefahr zur Gegenwehr
verbinden. Dies ist ein Unterhaus in der
Theorie, auf dem Papiere. Aber in der Ausübung überreden die Krone durch ihren Einfluß und die Lords durch ihren Einfluß, in
Verbindung mit den Gutgesinnten im Hause
selbst, dieses Haus, seine Allgewalt mit Mäs-
sigung zu gebrauchen. Zu Zeiten ist dies
nicht möglich gewesen. In solchen Augenblicken haben die Anführer dieses Hauses sich
damit begnügt, die Verwaltung der ausüben-
den Macht, nicht aber diese Macht selbst, anzutasten: aber wenn die Wahlen, Repräsentation und Dauer der Parlamente so verändert
würden, daß das Volk seinen Anführern einen
solchen Nachdruck gäbe, daß sie die ausübende
Gewalt selbst an sich reissen könnten, was
würde alsdann die Folge seyn? Es ist leicht
einzusehen, daß die ganze Verfassung alsdenn
zerstört würde, daß das Unterhaus durch die
Unterstützung des Pöbels unüberwindlich werden, König und Oberhaus versinken würden.
Unter der Regierung eines guten und belieb-

ten Königs wären dergleichen Revolutionen nicht wahrscheinlich, aber was ist denn wohl eine Verfassung werth, die nicht anders bestehen kann, als unter Umständen, deren Fortdauer man nicht Jahrhunderte lang hoffen darf. Vorausgesetzt, daß wir einmal einen schwachen und unpopulären König hätten: wie denn? Sind diese Betrachtungen nicht hinlänglich, um die Grundsätze des obgedachten Rechtsgelehrten in Zweifel zu ziehen? Beweisen sie nicht vielmehr, daß solche Theorien unsrer Verfassung nichts taugen, und daß wir den praktischen Eigenheiten derselben unser Glück verdanken? Einige Leute behaupten zwar, daß ein rechtschaffnes Unterhaus, wenn es schon unter dem Befehlen des Volks stände, dennoch rechtschaffen handeln würde. Dies läuft also auf die Abhängigkeit von einem rechtschaffnen Pöbel hinaus. Wer das wünscht, muß thörigt genug seyn, die Gefahr nicht einzusehen, oder er denkt schlecht genug, uns hineinstürzen zu wollen. In jedem Falle sind diese Ideen von mechanischen Kräften, Wirkung und Gegenwirkung in der Verfassung, offenbar irrig.

Dr. Tucker gibt einen sehr wichtigen Grund an, gegen alle Art von Repräsentationen, die sich auf die allgemeine Gleichheit beziehet. In solch einer Verfassung, sagt er, (in seinem Traktat über die bürgerliche Verfassung, Treatise on Civil Government, p. 258.) würde London wenigstens hundert Deputirte senden, die immer an Ort und Stelle wären. Welcher Neuling in der Politik sieht nicht ein, was hieraus für Gefahren entspringen, und das noch dazu unter einer Verfassung, in welcher Pöbelversammlungen noch weit mehr Gewicht haben würden, als heut zu Tage! Welche Verblendung! Hundert Deputirte, die von einem Londoner Volke unterstützt würden!

Der einsichtsvolle und beredte Graf von Lally-Tolendal behauptet in seinem zweiten Briefe an Herrn Burke, es sey nothwendig gewesen, dem dritten Stande eine verdoppelte Zahl von Deputirten zu bewilligen. Aber man lese seine eigne Beschreibung des Reichs, und sage, ob wohl entscheidendere Gründe ge-

T

gen jene Verdoppelung vorgebracht werden können? Wenn das Volk, die Parlamente öffentlich beschimpfen durfte, weil es für alte Formen stimmte, was konnten denn politische Köpfe von diesem Volke erwarten, wenn es erst allmächtig geworden! Karl der 5te, Gustav, und die englischen Barone wußten, wie Lally selbst sagt, die Volksparthei im Zaume zu halten. Aber Ludwig der 16te? Durfte man wohl seinen persönlichen Charakter, der die Zügel der Regierung so erschlafft hatte, so ganz übersehen? Da die Regierung in solchen Händen war, was konnte man da für Mittel erdenken, die Vereinigung der drei Kammern zu verhindern? noch dazu waren auch selbst schon Beispiele in der Geschichte dafür.

Es ist eine der schwersten Fragen, wie die Religion in politischer Rücksicht zu betrachten sey? Eine genaue und vollständige Erörterung derselben, erfordert noch größere Talente, als irgend ein andrer Theil der Gesetzgebung. Die einsichtsvollesten Köpfe leiden an diesem Felsen Schiffbruch. Wenn ich in einem kleinen Traktate lese, daß der Verfasser sich beschwert, man habe ihn als einen Feind der Ordnung und Regierung dargestellt, weil er gewissen Religionsmeinungen abgeneigt sey, und in demselben Traktate lese, daß die Revolution vom 10ten August eine glückliche und nothwendige Vollendung der ersten Revolution vom 14ten Julius war, so finde ich hier einen neuen Beweis jener meiner Behauptung. Bei der letzten Aeußerung, erstarrt das Blut in den Adern, denn sie gibt noch mehr zu verstehen, als sie sagt. Schaudernd eilte ich bis ans Ende der Schrift, um zu sehen, ob nicht etwa in einem Anhange eine Erklärung folgte: da das Werk erst nach dem Tode des Königs gedruckt worden ist. Aber ich fand nichts dergleichen. Wenn ein solcher Mann als ein Feind der Verfassung und Regierung dargestellt wird, geschieht das wohl seiner Religionsmeinungen wegen, oder nicht vielmehr wegen seiner politischen Gesinnungen?

Wenn solche Gesinnungen ausposaunt, und man weiß selbst nicht, wie, in eine sonderbare Verbindung mit religiösen Meinungen gesetzt werden, so wird nicht etwa bloß die Toleranz, sondern das ganze System der Gesetzgebung, so weit sie mit der Religion in Verbindung steht, äußerst schwer. Sollte wohl ein Unitarier auf der Bank der Bischöfe einen Sitz erhalten können? Religiöse Ursachen sind noch bis jetzt nicht angegeben, warum dies nicht geschehen könnte. Aber sollte man wohl einen Mann, der die Revolution vom 10ten August für eine glückliche Revolution erklärt, daselbst dulden können? Nein! gewiß nicht. Nun denn, wenn vom Widerruf der Test-Akte und der Aufhebung der Unterschriften, die bey Besetzung geistlicher Stellen erfordert werden, die Rede ist, soll man denn diese bloß von der Seite ansehen, da sie gegen heterodoxe Religionsmeinungen gerichtet sind, oder als politische Vorkehrungen zur Sicherheit, daß Macht und Einkünfte der Kirche nur solchen Männern ertheilt werden, deren Gesinnungen nicht auf die gänzliche Zerstörung unsrer vortreflichen

Staatsverfassung gerichtet sind? Weiter, wenn es besondere Religionssekten gibt, deren Anhänger allgemein von republikanischen und jakobinischen Gesinnungen angesteckt sind, so muß wohl jeder Mensch von gesunden Sinnen einsehen, daß man sich dem Widerrufe der Test-Akte nicht bloß aus religiösen Ursachen widersetzt.

Die furchtbare Begebenheit der französischen Revolution hat in mir mancherlei Zweifel gegen politische Maximen erregt, welche seit zwanzig Jahren allgemein angenommen worden sind. Unter andern bin ich sehr zweifelhaft über die Frage geworden, ob eine allgemeine Toleranz den Ländern zuträglich sey, in denen sie bisher weder Landesgesetz noch Staatsmaxime gewesen. Der duldende Geist der alten französischen Regierung, ist eins der vornehmsten Werkzeuge seiner Zerstörung gewesen: und wenn die vortrefflichste Staatsverfassung, welche die Welt jemals gesehen hat, die englische, eine tödtliche Wunde empfangen sollte, so würde

dieselbe eben daher rühren. Wenn ich spani=
scher Staatsminister wäre, so würde ich
meinem Herren rathen, der Inquisition Ge=
setze vorzuschreiben und sie einzuschränken,
nicht aber abzuschaffen. Den Jakobinern
verdanken wir es, daß solche Gesinnungen
nothwendig geworden sind.

www.ingramcontent.com/pod-product-compliance
Lightning Source LLC
Chambersburg PA
CBHW030801230426
43667CB00008B/1017